Kohlhammer

Die Autorin

Kristin Snippe ist Logopädin, Lehrkraft und Master der Psychologie kindlicher Lern- und Entwicklungsauffälligkeiten. Seit über 20 Jahren arbeitet sie mit autistischen Kindern und verbindet fundiertes Wissen mit erprobten Strategien für eine gelingende Sprachförderung.

Kristin Snippe

Alltagsorientierte Sprachförderung für Kinder im Autismus-Spektrum

Eine Einführung für Eltern und pädagogische Fachkräfte

Verlag W. Kohlhammer

Dieses Werk einschließlich aller seiner Teile ist urheberrechtlich geschützt. Jede Verwendung außerhalb der engen Grenzen des Urheberrechts ist ohne Zustimmung des Verlags unzulässig und strafbar. Das gilt insbesondere für Vervielfältigungen, Übersetzungen, Mikroverfilmungen und für die Einspeicherung und Verarbeitung in elektronischen Systemen.

Die Wiedergabe von Warenbezeichnungen, Handelsnamen und sonstigen Kennzeichen in diesem Buch berechtigt nicht zu der Annahme, dass diese von jedermann frei benutzt werden dürfen. Vielmehr kann es sich auch dann um eingetragene Warenzeichen oder sonstige geschützte Kennzeichen handeln, wenn sie nicht eigens als solche gekennzeichnet sind.

Es konnten nicht alle Rechtsinhaber von Abbildungen ermittelt werden. Sollte dem Verlag gegenüber der Nachweis der Rechtsinhaberschaft geführt werden, wird das branchenübliche Honorar nachträglich gezahlt.

Dieses Werk enthält Hinweise/Links zu externen Websites Dritter, auf deren Inhalt der Verlag keinen Einfluss hat und die der Haftung der jeweiligen Seitenanbieter oder -betreiber unterliegen. Zum Zeitpunkt der Verlinkung wurden die externen Websites auf mögliche Rechtsverstöße überprüft und dabei keine Rechtsverletzung festgestellt. Ohne konkrete Hinweise auf eine solche Rechtsverletzung ist eine permanente inhaltliche Kontrolle der verlinkten Seiten nicht zumutbar. Sollten jedoch Rechtsverletzungen bekannt werden, werden die betroffenen externen Links soweit möglich unverzüglich entfernt.

1. Auflage 2025

Alle Rechte vorbehalten
© W. Kohlhammer GmbH, Stuttgart
Gesamtherstellung: W. Kohlhammer GmbH, Heßbrühlstr. 69, 70565 Stuttgart
produktsicherheit@kohlhammer.de

Print:
ISBN 978-3-17-044174-3

E-Book-Formate:
pdf: ISBN 978-3-17-044175-0
epub: ISBN 978-3-17-044176-7

Inhaltsverzeichnis

Vorwort der Autorin		**7**
1	**Autismus-Spektrum**	**11**
1.1	Autismus-Spektrum – Was ist das?	12
1.2	Wie kommt es zur Diagnose?	21
1.3	Wie entsteht Autismus?	27
2	**Alltag mit Menschen im Autismus-Spektrum**	**34**
2.1	Wie autistische Menschen ihren Alltag wahrnehmen	35
2.2	Die Situation der Eltern autistischer Kinder	44
2.3	Die Perspektive von Pädagoginnen und Pädagogen	53
3	**Sprachentwicklung und Autismus**	**60**
3.1	Wie das Kind zur Sprache kommt	61
3.2	Von Beginn an anders: Sprachentwicklung autistischer Kinder	68
3.3	Echolalien – eine ganz besondere Ressource	75
3.4	Sprachverständnis	79
3.5	Kommunikation beobachten und Sprachentwicklung einschätzen	88
3.6	Mehrsprachigkeit im Autismus-Spektrum	97

Inhaltsverzeichnis

4	**Grundprinzipien der Sprachförderung autistischer Kinder**	**107**
4.1	Sicherheit ist wichtig	108
4.2	Struktur: Die Übersicht behalten	111
4.3	Sprechen: Weniger ist mehr	114
4.4	Ziele: Realistisch und bedeutungsvoll	116
4.5	Motivation: Der Sprache einen Sinn geben	120
5	**Alltagsorientierte Sprachförderung im Autismus-Spektrum**	**125**
5.1	Warum ist eine alltagsorientierte Sprachförderung wichtig?	126
5.2	Prinzipien alltagsorientierter Sprachförderung: Naturalistischer Ansatz	130
5.3	Sprachanbahnung: Über die Handlung in die Sprache	134
5.4	Genauer und komplexer: Wortschatz und Grammatik	140
5.5	Klar gesagt: Artikulation und Lautbildung	144
5.6	Soziale Kommunikation stärken	151
5.7	Lesen und Schreiben	159
6	**Unterstützte Kommunikation**	**175**
6.1	Was ist »Unterstützte Kommunikation«?	176
6.2	Grundprinzipien der Unterstützten Kommunikation	178
6.3	Kommunikation über Bilder und Symbole	183
6.4	Kommunikation über Körpersprache und Gebärden	187
6.5	Elektronische Hilfen	191
7	**Digitale Technologien in der Sprachförderung**	**197**

Vorwort der Autorin

Als ich begann, logopädisch mit autistischen Kindern zu arbeiten, wusste ich noch nicht viel über Autismus. Ich hatte »Buntschatten und Fledermäuse« von Axel Brauns gelesen. Das gab mir ein erstes Gefühl für Autismus und für die Bedürfnisse meiner kleinen Klienten.

Viele Klientinnen und Klienten, bei denen ich in der Rückschau vermute, dass sie autistisch waren, waren damals nicht diagnostiziert. Ihre Eltern kamen in die logopädische Praxis, weil die Sprachentwicklung ausblieb. Die Kinder fingen nicht mit dem Sprechen an oder lautierten unverständliche Phrasen oder Neuschöpfungen vor sich hin.

Als ich etwas später in der Kinder- und Jugendpsychiatrie arbeitete, näherte ich mich dem Thema Autismus immer mehr an – über die Praxis und über die Fachliteratur. Ich lernte viel von den Kindern, mit denen ich arbeitete. Dass sie nichts ohne einen guten Grund machten. Dass viele von ihnen ganz besondere Interessen hatten – manchmal für bestimmte Themen (Katzen, Bagger, Züge), manchmal für besondere Oberflächen oder Geräusche. Ich lernte Kinder kennen, die den ganzen Tag herumrannten, und Kinder, die sich stundenlang mit einer Sache beschäftigten. Und ich lernte Kinder kennen, die um sich schlugen und schrien, wenn etwas Unvorhergesehenes passierte, eine Anforderung gestellt wurde oder die wegrannten, wenn die Neonröhren im Schulraum flackerten. Während ich als junge Therapeutin Schritt für Schritt lernte, mit diesem Verhalten umzugehen, lernte ich auch zu verstehen. Heute beantworte ich keine Frage nach »Was mache ich, wenn das Kind …« ohne zu fragen: »Warum macht das Kind das? Was gibt es für einen guten Grund? Wie geht es dem Kind dabei?«. Ich habe gelernt, Kontakt zu Kindern aufzunehmen, die noch keine Idee von gegenseitiger Interaktion zu haben schienen oder für die Kommunikation bedrohlich oder überfordernd schien. Ich habe nach und nach gelernt, die besonderen Bedürfnisse meiner autistischen Klienten zu identifizieren. Aber auch, ihre Interessen zu erkennen und zu teilen. Ihren Fokus zu übernehmen und mich gemeinsam mit ihnen über Dinge zu begeistern, die neurotypischen Erwachsenen oft unwichtig oder sogar absurd erscheinen (Papierschnipsel, die durch die Luft fliegen, Wasserhahn an/aus, verschiedenste Arten von Kirchenglocken). Ich habe gelernt, dass ich zu Beginn der Therapie nicht die Kinder in meine Welt zwingen, sondern mich in ihre Welt begeben sollte. Über diesen gemeinsamen Fokus, und über das Teilen der Begeisterung meiner Klienten, habe ich schließlich gelernt, Kommunikation und Sprache mit den Kindern aufzubauen. Viele Kinder haben mit mir sprechen gelernt – und ich mit ihnen kommunizieren.

In diesem Buch möchte ich allen, die mit autistischen Menschen und besonders mit autistischen Kindern arbeiten, leben und ihren Alltag erleben, einen Zugang dazu bieten, wie wir mit ihnen Sprache und Kommunikation aufbauen und fördern können. Dabei geht es mir nicht darum, Autismus zu »heilen«, Menschen aus dem Autismus »herauszuholen« oder sie grundlegend zu ändern. Es geht mir darum, unsere Kommunikation für sie übersichtlich zu gestalten, vorhersehbar, verständlich und bedeutsam. Es geht darum, Wege zu eröffnen, dass autistische Kinder Kontakte zu anderen aufnehmen können, wenn sie es wünschen. Und darum, dass sie ihre Bedürfnisse äußern können und eine höhere Kontrolle über ihre Umwelt und ihren Alltag erlangen. Nicht zuletzt geht es um Spaß – gemeinsam Spaß an der Interaktion zu haben, zu entdecken, wie kleine gemeinsame Routinen uns zum Lachen bringen, uns zusammenschweißen und unsere Beziehungen stärken.

Ich werde in diesem Buch Sprachentwicklung und Sprachförderung so darzustellen, dass die Methodik und die Hintergründe allgemein verständlich, aber auch fachlich korrekt und aussagekräftig sind. Dazu werde ich mitunter ins Detail gehen und Hintergründe erklären. Ich werde möglichst oft auf Fachbegriffe verzichten oder, wenn sie notwendig sind, diese erklären. Ich werde in jedem Kapitel

Beispiele geben und verständliche Literatur zum Weiterlesen empfehlen.

Es ist mir wichtig, wertschätzend und respektvoll über Menschen im Autismus-Spektrum zu schreiben. Dazu orientiere ich mich an Formen, die zum Zeitpunkt der Veröffentlichung als für autistische Menschen am wenigsten offensiv gelten. Ich werde »autistische Menschen«, »autistische Kinder« etc. oder »Menschen/Kinder im Autismus-Spektrum« schreiben. Ich werde von »neurodiversen« und »neurotypischen« Menschen schreiben.

Sollten Ihnen trotz meines Bemühens um eine respektvolle und wertschätzende Sprache »Schnitzer« auffallen, nehmen Sie gern Kontakt zu mir auf – diese können in eventuellen neuen Auflagen korrigiert werden.

Ich wünsche Ihnen viel Freude an diesem Buch. Ich hoffe, dass es sich leicht liest und Erkenntnisse, Gedanken, Impulse zum Handeln und zum Hinterfragen bringt. Und ich freue mich, wenn es hilft, Kommunikation aufzubauen und zu fördern, autistische Kinder und Erwachsene zu verstehen und Ideen für sie und mit ihnen zu entwickeln.

1 Autismus-Spektrum

Karl, vier Jahre
Karl ist ein vierjähriger Junge. Er liebt seine Spielzeugautos und verbringt Stunden damit, sie immer wieder ein- und auszupacken. Er zeigt auch ein starkes Interesse an bestimmten Details, wie zum Beispiel den Rädern der Autos, die er mit großer Hingabe untersucht. Als seine Großeltern ihm ein neues Auto schenken, löst er zuerst ein Rad ab. In Bezug auf seine Sprachentwicklung zeigt Karl Schwierigkeiten. Mit vier Jahren spricht er noch nicht. Er geht zwar in einen Kindergarten, spielt dort aber nicht mit den anderen Kindern.

Karls Eltern haben früh bemerkt, dass sich sein Verhalten von anderen Kindern unterscheidet. Sie haben ärztliche Hilfe gesucht, als er drei war. Bis dahin diskutierten sie oft, ob Karl nicht nur einfach sehr schüchtern sei. Zuerst wurde er von der Kinderärztin zur Logopädie überwiesen. Eine Sprachtherapeutin hat die Familie nach einem halben Jahr an einen Kinder- und Jugendpsychiater für eine Autismus-Diagnostik empfohlen.

Karls Großeltern sind der Meinung, dass Karls Verhalten auf die Erziehung seiner Eltern zurückzuführen sei. Sie glauben, dass die Eltern zu nachsichtig seien und Karl zu sehr in seinen wiederkehrenden Handlungen unterstützten. Sie verstehen nicht, dass Karls Verhaltensweisen Anzeichen für eine Entwicklungsbesonderheit sein könnten und betonen stattdessen die Bedeutung einer konsequenteren Erziehung.

1 Autismus-Spektrum

1.1 Autismus-Spektrum – Was ist das?

Gleich zu Beginn dieses Buches nähern wir uns einer der großen Fragen: Was ist Autismus eigentlich? Mit einer Erläuterung der Diagnosekriterien nach den gängigen Klassifikationssystemen würden wir es uns sicher am leichtesten machen. Ich möchte aber anders anfangen. Um diese Frage zu erörtern, hilft es, weitere Fragen zu stellen.

- Was ist Autismus als Diagnose?
- Was ist Autismus bezogen auf die Neurologie und Kognition?
- Was bedeutet Autismus für autistische Menschen?

Kristien Hens und Raymond Langenberg plädieren dafür, die Frage »Was ist Autismus?« aus drei verschiedenen Perspektiven zu betrachten. Autismus habe eine medizinische, eine kulturelle und eine individuelle Bedeutung (Hens & Langenberg 2018, 8).

Wir werden uns allen drei Perspektiven nur kurz annähern, denn das Ziel dieses Kapitels ist nicht, die Frage bis ins Kleinste zu beantworten. Es geht vielmehr darum, fachliches Wissen zum Thema Autismus zu vermitteln, aber auch ein Gefühl für autistische Menschen und ihre Belange zu bekommen. Nicht zuletzt wollen wir mit Mythen aufräumen und Theorien kennenlernen, die uns dabei helfen, besser über das Thema nachzudenken und darüber ins Gespräch zu kommen.

> **Reflexionsfrage:**
> Was ist Autismus für Sie? Welche Ideen haben Sie dazu? Was davon ist Faktenwissen? Was könnten Mythen sein?

Die medizinische Sichtweise

Autismus wird in der medizinischen Diagnostik anhand von bestimmten Kriterien identifiziert, die in Diagnosesystemen festgelegt sind. Diese heißen DSM-5 (Diagnostic and Statistical Manual of Mental Disorders) und ICD-11 (International Classification of Diseases). Das in Deutschland geltende Diagnosesystem ICD-11 setzt folgende Merkmale für eine Autismus-Diagnose voraus: »Anhaltende Defizite in der Fähigkeit, wechselseitige soziale Interaktionen und soziale Kommunikation zu initiieren und aufrechtzuerhalten, sowie [...] eine Reihe von eingeschränkten, sich wiederholenden und unflexiblen Verhaltensmustern, Interessen oder Aktivitäten, die für das Alter und den soziokulturellen Kontext der Person eindeutig untypisch oder exzessiv sind« (WHO 2022, 6 A02). Es geht also um Besonderheiten im Sozialverhalten, in der Kommunikation und um wiederkehrende Handlungen.

Wichtig ist auch, dass die Symptome sich bereits im frühen Kindesalter zeigen (auch wenn sich einige weitere erst im Laufe des Lebens entwickeln können) und dass die Einschränkungen zu einer Beeinträchtigung in alltäglichen Settings (z.B. Familie, Kindergarten, Schule) führen. Es werden diagnostische Untergruppen gebildet, je nachdem, ob das Kind in seiner Intelligenz und seiner Sprachentwicklung beeinträchtigt ist. Wie genau diese Diagnose gestellt wird, klären wir in Kapitel 1.2 (▶ Kap. 1.2). Aus medizinischer Sicht ergibt sich eine Diagnose also aus einer defizitorientierten Sicht: Wenn bestimmte Defizite in der Entwicklung vorliegen und diese zu Beeinträchtigungen im Alltag führen, und wenn dies alles durch keine anderen Gründe oder Bedingungsgefüge erklärbar ist, kann eine Diagnose gestellt werden. Mediziner betrachten Autismus als eine neurologische Entwicklungsstörung, bei der es zu Unterschieden in der Struktur des Gehirns und seiner Funktion kommt. Der aktuelle medizinische Begriff, den die ICD-11 vorgibt, ist »Autismus-Spektrum-Störungen«. Dabei sollten wir das Spektrum aber nicht als lineares System betrachten. Es geht hier nicht darum, dass jemand nur ein bisschen autistisch oder sehr autistisch sein könnte.

1 Autismus-Spektrum

> **Was heißt »Autismus-Spektrum?«**
> Autismus ist eine kategoriale Diagnose. Das heißt: Man ist autistisch oder nicht. Der Begriff des »Autismus-Spektrums« führt oft zu Missverständnissen. Häufig wird vermutet, dass das »Spektrum« bedeutet, dass jemand ein bisschen autistisch sein kann und jemand anders sehr autistisch ist. Die Idee »Sind wir nicht alle ein bisschen autistisch?« – ist falsch. Man ist autistisch oder nicht. Der Begriff des Spektrums bezieht sich nicht darauf, wie stark ausgeprägt der Autismus bei einer Person ist. Es geht darum, dass verschiedene Merkmale bei individuellen autistischen Personen qualitativ unterschiedlich ausgeprägt sein können.

In der medizinischen und pädagogischen Welt werden häufig noch die Begriffe »high-functioning« und »low functioning« verwendet. Diese sind nicht nur sehr eindimensionale, leistungsbezogene Begriffe, sie blenden auch die Rolle der Umwelt aus. Dass ein Mensch »high functioning« oder »low functioning« wäre, würde bedeuten, dass der Mensch zum einen rein daran gemessen wird, wie er sich den äußeren Leistungsansprüchen anpassen kann. Zum anderen würde man davon ausgehen, dass das »Funktionieren« im Alltag eine reine Sache des autistischen Menschen und seiner spezifischen Veranlagung wäre. Umwelteinflüsse, die Frage des pädagogischen Settings und die Verantwortung anderer Menschen (insbesondere pädagogischer Personen) in diesen Settings werden hier ausgeblendet. Wenn man Flexibilität, Personalschlüssel und Fortbildungen zu Autismus betrachtet, ergibt es vielleicht eher Sinn, von »High-functioning-Settings« und »Low-functioning Settings« zu sprechen.

> **Reflexionsfrage:**
> Haben Sie schon einmal gesehen, wie sich das Umfeld einer autistischen Person auf ihr tägliches Leben auswirkte, sei es positiv

1.1 Autismus-Spektrum – Was ist das?

> oder negativ? Was denken Sie, können Pädagogen tun, um das Leben für autistische Personen einfacher zu gestalten?

In diesem Zusammenhang spreche ich mich auch betont kritisch zum Begriff »autistische Züge« aus. Dieser Begriff wird im pädagogischen Alltag sehr häufig verwendet. Zu sagen, ein Kind habe »autistische Züge«, lässt vermuten, dass jemand ein bisschen autistisch sein könnte. Das widerspricht dem Autismus als kategorialer Diagnose (man ist autistisch oder man ist es nicht). Häufig wird der Begriff verwendet, wenn Fachpersonen in Sozialberufen ständig wiederkehrendes Verhalten bei einem Menschen sehen, aber (bisher) keine offizielle Autismus-Diagnose vorliegt. Für Eltern und Angehörige ist dieser Begriff sehr verwirrend. Nicht alle Eltern wissen, dass der Erzieher im Kindergarten oder die Sprachtherapeutin keine Autismus-Diagnose fällen können und dürfen. Der leichtfertige Umgang mit dem Begriff »Autismus« kann Eltern vor den Kopf stoßen. Vielen ist klar, dass es sich um etwas dauerhaftes handelt. Um Missverständnisse und Kompetenzüberschreitungen zu vermeiden, sollte der Begriff »Autismus« in Bezug auf einen Menschen nur verwendet werden, wenn tatsächlich eine Autismus-Diagnose vorliegt. Im sonstigen Fall ist es ratsam, sich auf eine genaue Beschreibung des Verhaltens zu beschränken. Ähnliches gilt für die Idee, Kindern einen »Pseudo-Autismus« zu attestieren. Dieser Begriff wird mitunter verwendet, wenn Kinder Verhaltensauffälligkeiten nach extremem Medienkonsum zeigen. Besonders dramatisch ist hier, dass der Begriff »Autismus« in diesem Fall nicht für eine genetisch bedingte Besonderheit, sondern für Auffälligkeiten in Folge eines Versagens in der Betreuung des Kindes attestiert wird. Diese bedenklichen Ideen wurden zuletzt um 1970 von Bruno Bettelheim geäußert (nachzulesen in ▶ Kap. 1.3).

1 Autismus-Spektrum

Die kulturelle Sichtweise

Jessica Nina Lester und Michelle O'Reilly (2021) betonen in ihrem Buch über die verschiedenen Sichtweisen auf Autismus, dass Autismus immer auch eine soziale Konstruktion sei (S. 59 ff). Dabei gehe es nicht darum, die Realität der Betroffenen zu leugnen. Vielmehr ist das medizinische Verständnis von Autismus eng an unser soziales Verständnis von Normalität geknüpft. Das, was als »normal« angesehen wird, verändert sich aber mit der Zeit und zeigt Unterschiede von Kultur zu Kultur. Auch sei die Idee einer »normalen Gesellschaft« sehr anzuzweifeln, da sie die breite Diversität in der Gesellschaft ignoriere. Außerdem, so die Autorinnen, sei das soziale Umfeld stark daran beteiligt, wie die einzelne Person Autismus erlebe. Wenn ein autistisches Kind eine Schule oder einen Kindergarten besucht, wird sein Erleben und Verhalten zum Beispiel sehr stark davon abhängen, welche Art von Struktur und welches Verständnis für seine Bedürfnisse es dort erlebt.

Francesca Happé und Uta Frith (2020) schreiben darüber, wie sich das Verständnis von Autismus über die Jahrzehnte verändert hat. Noch um 1980 wäre ein Kind, das auf andere zugeht und sehr freundlich wirkt, nicht als autistisch eingeordnet worden (S. 218). Die Autorinnen beobachten eine Entwicklung der Definition von Autismus von einem sehr eng gefassten Verständnis zu einem weiteren Konzept. Autismus hat sich von einer sehr seltenen Disposition zu einem häufiger vorkommenden Phänomen entwickelt. Früher fand man in der Fachliteratur fast ausschließlich Informationen zum Autismus im Kindesalter. Heute betrachten wir die ganze Lebensspanne (S. 219). Nach wie vor ist aber die Versorgung autistischer Erwachsener mit pädagogischen und therapeutischen Angeboten sehr viel schlechter aufgestellt. Statt von einem »Autismus« werden wir, so die Autorinnen, in Zukunft wohl von vielen Konzepten von Autismus sprechen. Autismus wird ein Sammelbegriff für verschiedene Dispositionen werden. Diese führen alle zu ähnlichen Schwierigkeiten im praktischen und sozialen Alltag. Das bedeutet auch, dass das Verständnis von Autismus sich von der Idee der Entwicklungsstörung wegbewegen wird. Der Fokus wird sich, so die Autorinnen, mehr dorthin bewegen, dass wir anerkennen, dass Menschen im Autismus-Spektrum mit ihren Besonderheiten vor allem durch die Anforderungen der neurotypischen Welt eine Einschränkung erfahren.

Eine kulturelle Veränderung, die die medizinische Sicht in Frage stellt oder zuweilen ergänzt, ist in diesem Zusammenhang die wachsende Selbstvertretung aus der autistischen Community. Viele Menschen im Autismus-Spektrum nutzen Blogs und die sozialen Medien, um ihre Sicht auf Autismus zu teilen. Die Neurodiversitätsbewegung bietet damit eine alternative Sichtweise auf das Thema an. Kernbotschaft ist, dass unterschiedliche Verdrahtungen des Gehirns normal seien. Die Vertreter:innen plädieren für die Anerkennung dieser genetischen und biologischen Vielfalt und fordern, dass der Fokus auf Fähigkeiten, statt auf Defiziten liegen sollte. »Neurodivers« schließt nicht nur autistische Menschen, sondern zum Beispiel auch Menschen mit ADHS oder anderen Besonderheiten der Aufmerksamkeit und der Wahrnehmung ein. Die Abgrenzung erfolgt gegenüber einer Welt, die auf Werten der »neurotypischen« Menschen beruht. Fähigkeiten und Beeinträchtigungen entstehen so jeweils abhängig vom situativen und sozialen Kontext. Die Neurodiversitätsbewegung setzt sich damit für die Rechte autistischer Menschen ein und verweigert die generelle Bezeichnung als »Störung«. Theunissen (2024) stellt in seinem Artikel zum Autismus in der Schulpädagogik ein alternatives Autismus-Konzept vor, das ursprünglich von der größten Selbstorganisation autistischer Menschen, dem Autistic Self Advocacy Network (ASAN), entwickelt wurde. Dieses Konzept eignet sich für eine pädagogische Annäherung, die die Ressourcen und Bedarfe autistischer Menschen im Blick behält.

1 Autismus-Spektrum

> **Merkmale eines alternativen Autismus-Konzeptes (ASAN nach Theunissen, 2024)**
>
> 1. Wahrnehmungsbesonderheiten
> 2. Atypisches Lern- und Problemlösungsverhalten sowie spezielle Denkmuster
> 3. Motorische Besonderheiten
> 4. Bedürfnis nach Ordnung, Routine und Regelmäßigkeit
> 5. Sprachliche Besonderheiten
> 6. Soziale Besonderheiten
> 7. Emotionale Besonderheiten
> 8. Stärken, außergewöhnliche Fähigkeiten und individuelle (spezielle) Interessen

Reflexionsfrage:
Vergleichen Sie das Konzept nach ASAN mit den Diagnosekriterien in Kapitel 1.2 (▶ Kap. 1.2). Welche Vorteile sehen Sie in der Anwendung von diesem alternativen Autismus-Konzept für die pädagogische Arbeit?

Die individuelle Sichtweise

Wenn man darüber schreibt, was Autismus ist, darf man sich nicht nur auf wissenschaftliche Definitionen zurückziehen. Damit würden wir die Erfahrung autistischer Menschen auslassen. Was Autismus für autistische Menschen bedeutet, stellt sicher keine generell kollektive Erfahrung und Wahrnehmung dar. Das Erleben bleibt individuell. Trotzdem ist es unverzichtbar, um einen empathischen, verstehenden und vor allem respektvollen Zugang zum Thema zu erreichen. Viele autistische Personen erzählen zum Beispiel, dass das Aufnehmen von Blickkontakt zu einer Vielzahl fremder Personen unangenehm, belastend und anstrengend sei. Das bedeutet für die

1.1 Autismus-Spektrum – Was ist das?

therapeutische Zielsetzung, dass ein Blickkontakt-Training mit dem Ziel des Transfers in alle Alltagssituationen nicht im Sinne des autistischen Klienten ist. Die individuelle Sichtweise hilft, autistische Perspektiven einschätzen zu können. So können therapeutische Interventionen gestaltet werden, die nicht darauf abzielen, autistische Personen dazu zu bewegen, neurotypisches Verhalten nachzuahmen. Es geht vielmehr darum, ihnen eine größere Selbstbestimmtheit zu ermöglichen. Um eine Vorstellung verschiedener Innensichten von Autismus zu bekommen, hilft der Blick in Blogs, Biografien, die sozialen Medien und natürlich das direkte Gespräch mit autistischen Personen.

In ihrem Blog »The Other Side« schreibt Sonia Boue (2021) darüber, wie sie sich als Spätdiagnostizierte ihre autistische Identität erarbeitet. Sie teilt ihr persönliches Verständnis dessen, wie sie ihre tägliche Welt erlebt. Boue erklärt, dass die Autismus-Diagnose häufig eine Wende im Leben autistischer Personen darstelle. Eine späte Diagnose könne bedeuten, dass die autistische Person das eigene Scheitern und das Erleben von Defiziten in ein neues Verstehen von sich selbst umforme. Sie erzählt, dass sie in vielen Situationen von ihrer Außenwelt als zu langsam beurteilt wurde. Ihre Umwelt habe nicht verstanden, dass sie ganz im Gegenteil alles um sich herum viel zu schnell verarbeitet habe. Sie diskutiert Begriffe und Fachbegriffe und wir dürfen sie dabei begleiten, wie sie zum Beispiel die Begriffe »Sozial beeinträchtigt« und »Neurotypisch« zuerst annimmt, dann reflektiert, ablehnt und durch für sie passendere Begriffe ersetzt. Auch die Innensicht auf den eigenen Autismus ist also nicht statisch. Sonia Boue erzählt, dass sie ihre Außenwelt mitsamt den neurotypischen Anforderungen oft als »feindlich« wahrnimmt und dass das Maskieren ihrer autistischen Individualität (also das Vortäuschen, dass sie neurotypisch sei) eine Menge Energie beansprucht. Sich daran abzuarbeiten, sich neuro-normativen Ansprüchen anzupassen, um eine neurotypische Person »nachzuäffen«, lehnt sie ab. In seinem Buch »Unmasking Autism« beschreibt Devon Price (2022) seinen eigenen Weg zur autistischen Identität. Er stellt die Folgen eines konsequenten Maskierens des Autistisch-Seins im Alltag deutlich dar: Erschöpfung, Burnout, Ablehnung der eigenen Besonderheiten bis zum Selbsthass. Price lässt uns durch Interviews mit autistischen Menschen deren Erleben ihrer autistischen Identität kennenlernen und zeigt Wege auf, wie wir Autismus neu denken und eine inklusive Gesellschaft formen können.

In den sozialen Medien und Biografien finden sich nicht nur Diskussionen über das Erleben des eigenen Alltags, sondern auch Reflektionen eigener Erfahrungen in therapeutischen und pädagogischen Settings. So beschreibt Axel Brauns (2004) seine Erfahrungen in der Sprachtherapie, und Peter Schmidt gibt uns einen Eindruck »Wie ich als Autist die Schulzeit (über)erlebt habe« (Schmidt 2020, 5–13). Der autistische Blogautor James Ward-Sinclair sagt, dass es für ein umfassendes Verständnis von Autismus entscheidend ist, so viele verschiedene Stimmen und Meinungen wie möglich zu bekommen (Ward-Sinclair 2017, o.S.).

Zum Weiterlesen: Autismus aus Sicht autistischer Personen

Bücher

Brauns, Axel (2004): Buntschatten und Fledermäuse. Mein Leben in einer anderen Welt. München: Goldmann Verlag.
Zimmermann, Maria (2023): Anders, nicht falsch. Zürich: Kommode Verlag.
Schreiter, Daniela (2014): Schattenspringer. Wie es ist, anders zu sein. Nettetal: Panini Verlag.
Price, Devon (2022): Unmasking Autism. The power of embracing our hidden neurodiversity. London: Monoray.

Blogs

Sonia Boue: The other side. https://soniaboue.wordpress.com
James Ward-Sinclair: Autistic and unapologetic. https://autisticandunapologetic.com
Nicole Bornhak: Unbemerkt. https://www.unbemerkt.eu/de/

Quellen

Boue, S. (2021): The other side. Abrufbar unter https://soniaboue.wordpress.com

Brauns, A. (2004): Buntschatten und Fledermäuse. Mein Leben in einer anderen Welt. München: Goldmann Verlag.

Hens, K., & Langenberg, R. (2018): Experiences of Adults Following an Autism Diagnosis. Springer International Publishing. https://doi.org/10.1007/978-3-319-97973-1

Lester, J. N., & O'Reilly, M. (2021): The Social, Cultural, and Political Discourses of Autism (1st ed. 2021.). Springer Netherlands. https://doi.org/10.1007/978-94-024-2134-7

Happé, F., & Frith, U. (2020): Annual Research Review: Looking back to look forward – changes in the concept of autism and implications for future research. *Journal of Child Psychology and Psychiatry, 61*(3), 218–232. https://doi.org/10.1111/jcpp.13176

Price, D. (2022): Unmasking Autism. The power of embracing our hidden neurodiversity. London: monoray.

Schmidt, P. (2020): Wie ich als Autist die Schulzeit (über)erlebt habe. Schriftenreihe einer für alle – Die inklusive Schule für die Demokratie. Abrufbar unter https://www.gew.de/aktuelles/detailseite/wie-ich-als-autist-die-schulzeit-ueb-erlebt-habe

Ward-Sinclair, J. (2017): Autistic and Unapologetic. Abrufbar unter: https://autisticandunapologetic.com

World Health Organization – WHO (2022): International classification of diseases ICD-11 – deutsche Version. Abrufbar unter https://www.bfarm.de/DE/Kodiersysteme/Klassifikationen/ICD/ICD-11/uebersetzung/_node.html abgerufen am 03.05.2024

1.2 Wie kommt es zur Diagnose?

Eine Frage vorweg: Wozu überhaupt eine Diagnose? Diese Frage ist ein äußerst berechtigter und oft von Fachpersonen und Eltern diskutierter Aspekt. Die Frage stellt uns vor die Herausforderung, die Vor- und Nachteile einer Diagnose sorgfältig abzuwägen.

1 Autismus-Spektrum

> **Wozu ist die Autismus-Diagnose da?**
>
> - Grundlage für passende therapeutische und pädagogische Interventionen
> - Finanzierung von und Zugang zu Hilfen in verschiedenen Lebensbereichen
> - Ausschluss anderer Ursachen für die Besonderheit, die einen anderen Umgang damit erfordern (z. B. medizinisch)
> - Identitätsbildung für die betroffene Person (»Warum bin ich anders?«)
> - Besseres Verständnis durch Mitmenschen
> - Erleichterung der Schuldfrage für Eltern (Verhalten ist nicht Ergebnis »falscher Erziehung«)

Reflexionsfrage:
Wann ist es für Sie im Schul- oder Alltagsleben nützlich, das Verhalten einer Person mit einer Diagnose zu verstehen? Haben Sie dadurch eine Idee, was diese Person braucht? Wann behindern Diagnosen eher, als dass sie helfen?

Es gibt gerade unter Eltern die Bedenken, dass eine Diagnose stigmatisierend wirken könnte. Einige Eltern und Experten befürchten, dass sie das Kind auf eine bestimmte Art und Weise »etikettieren« könnte, was möglicherweise negative Auswirkungen auf die soziale Integration und das Selbstwertgefühl eines Kindes haben könnte. Andererseits ermöglicht eine klare Diagnose die gezielte Unterstützung und maßgeschneiderte Interventionen für die betroffene Person. Hierdurch können individuelle Bedürfnisse besser erkannt und effektiver adressiert werden. Wenn wir wissen, dass eine Person im Autismus-Spektrum ist, können wir uns z. B. besser herleiten, welche Gründe sie für ihr Verhalten und welche Bedürfnisse sie im Alltag hat. Auch für die autistische Person selbst kann es hilfreich sein, die eigenen Besonderheiten mit der Diagnose zu verbinden. Sie kann so einen Teil der eigenen Identität in Worte fassen. Den Begriff »Autismus« oder »Neurodivers« für sich zu verwenden, bedeutet, eine Gemeinschaft von Menschen zu finden, die die Diagnose teilen und denen es ähnlich geht.

Es ist wichtig, diese Diskussion um das Diagnostizieren aufrechtzuerhalten und eine ausgewogene Perspektive einzunehmen. So können wir sicherzustellen, dass Menschen die bestmögliche Unterstützung erhalten, ohne dabei unnötige Etikettierungen oder Einschränkungen zu verursachen. Eine Diagnose sollte sorgfältig durchdacht sein und die neurodiverse Person ins Zentrum des Prozesses stellen.

Autismus ist eine klinische Diagnose. Das bedeutet, dass die Diagnose (noch) nicht durch einen Gentest (auch wenn Autismus genetisch ist) oder ein anderes bildgebendes Verfahren (zum Beispiel eine Kernspintomographie oder einen Bluttest) gefällt wird. Die Autismus-Diagnose wird durch die Beobachtung des Verhaltens einer Person und durch Befragungen ermittelt. Darum kann es sehr kompliziert und langwierig sein, bis eine klare Diagnose ausgesprochen wird.

Adams und Matson (2018) betonen, dass in der Vergangenheit Diagnosen für Entwicklungsunterschiede, insbesondere im Autismus-Spektrum, üblicherweise erst ab Eintritt ins Schulalter gestellt wurden. In jüngster Zeit zeigt sich jedoch ein deutlicher Wandel hin zur frühen Kindheit. Dies ist auf mehrere maßgeblichen Faktoren zurückzuführen.

Eine entscheidende Rolle spielen hierbei zwei Faktoren: Ein gesteigertes Bewusstsein für Autismus und eine verbesserte Infrastruktur. Es gibt heute mehr diagnostische Einrichtungen und geschultes pädagogisches Personal, das frühzeitig auf Entwicklungsbesonderheiten aufmerksam wird. Cervantes, Matson und Goldin (2018) betonen, dass die meisten Eltern Anzeichen von Autismus bei ihren Kindern im ersten oder zweiten Lebensjahr erkennen und dass eine zuverlässige Diagnose bereits im Alter von 2 Jahren gestellt werden könne.

Es fällt auf, dass viele Kinder, die später als autistisch diagnostiziert werden, zunächst in sprachtherapeutische Praxen kommen, weil sie Schwierigkeiten im Spracherwerb haben. Nicht selten sind es die Sprachtherapeuten selbst, die aufgrund ihrer Expertise frühzeitig Anzeichen für Autismus erkennen. Die Kinder werden dann zur genauen Diagnostik weiterverwiesen. Eine frühzeitige Diagnosestellung und die darauf aufbauende maßgeschneiderte Unterstützung sind sehr wichtig für die positive Entwicklung des Kindes. Adams und Matson (2018) betonen, dass die frühe Diagnose sich nicht nur positiv auf die individuellen Fortschritte des Kindes auswirkt, sondern auch die Belastung der Familie reduzieren kann.

> **Reflexionsfrage:**
> Wann hatten Sie als Eltern das erste Mal das Gefühl, das etwas mit Ihrem Kind anders ist? Was hat die Diagnose für Sie verändert?

Selbst wenn eine eindeutige Autismus-Diagnose noch nicht gestellt werden kann, ist eine Verdachtsdiagnose oder das Erkennen von Hinweisen auf das Autismus-Spektrum hilfreich, um entsprechende Anpassungen und Unterstützungen zu ermöglichen. Falls das Kind ohnehin bereits in ergo- und logopädischer Behandlung ist, können die Fachkräfte gezielt erkunden, ob Autismus-spezifische Methoden beim Kind wirksam sind. Unabhängig davon, ob die Diagnose bereits endgültig gesichert ist, könnten diese Methoden bereits weiterhelfen. Es ist wichtig, individuelle Bedürfnisse frühzeitig zu erkennen und adäquat zu adressieren.

Aber wie wird die Diagnose nun gestellt? In Europa erfolgen Autismus-Diagnosen gemäß der Internationalen Klassifikation der Krankheiten (ICD). Diese Klassifikationssysteme legen die spezifische Symptomatik sowie die Ausschlusskriterien fest, anhand derer eine Autismus-Diagnose gestellt wird. Die Kriterien, die für die Diagnose von Autismus maßgeblich sind, wurden sorgfältig formuliert und dienen als Richtlinien für Fachleute in der Diagnostik. Die aktuelle Version der ICD ist die ICD-11.

1.2 Wie kommt es zur Diagnose?

Zu den Kernkriterien für die Diagnose von Autismus gehören nach dieser Klassifikation anhaltende Defizite in der Fähigkeit, wechselseitige soziale Interaktionen zu beginnen und aufrechtzuerhalten. Dies bedeutet, dass autistische Menschen Schwierigkeiten haben können, auf soziale Signale zu reagieren oder eigenständig soziale Interaktionen zu beginnen. Ebenso sind Schwierigkeiten in der sozialen Kommunikation von zentraler Bedeutung. Dies kann sich in Herausforderungen beim Aufbau und der Aufrechterhaltung von Gesprächen, beim Verstehen von nonverbaler Kommunikation oder in einer eingeschränkten Fähigkeit, Emotionen angemessen auszudrücken, äußern.

> **Diagnosekriterien nach ICD-11 (Entwurfsfassung von 2022)**
>
> - Anhaltende Defizite, wechselseitige soziale Interaktionen zu initiieren und aufrechtzuerhalten
> - Eingeschränkte, sich wiederholende und unflexible Verhaltensmuster, Interessen und Aktivitäten, die für das Alter und den soziokulturellen Kontext der Person untypisch oder exzessiv sind
> - Beginn in der frühen Kindheit oder wenn soziale Anforderungen die Fähigkeiten des Kindes übersteigen
> - Beeinträchtigungen in persönlichen, familiären, sozialen, erzieherischen, beruflichen oder anderen Funktionsbereichen
> - Trotz Variation in Kontexten in allen Bereichen zu beobachten
> - Ausschluss: Symptomatik ist nicht durch andere Bedingung erklärbar, z.B. Rett-Syndrom, akute Belastungsreaktion
>
> (WHO 2022, 6 A02)

Ein weiteres Schlüsselmerkmal sind die eingeschränkten, sich wiederholenden und unflexiblen Verhaltensmuster, Interessen oder Aktivitäten. Diese Verhaltensweisen können sich in einer starken Fixierung auf bestimmte Themen oder Aktivitäten zeigen und sich von dem unterscheiden, was in Bezug auf das Alter und den soziokulturellen Kontext der Person als üblich betrachtet wird. Die Auffälligkeiten beginnen meistens schon in der frühen Kindheit, können manchmal aber auch erst später deutlich werden, wenn die Anforderungen in der Gesellschaft (vor allem durch die Schule) zu hoch werden. Das tägliche Leben in der Familie, mit Freunden, in der Schule und bei der Arbeit ist beeinträchtigt.

Um die Diagnose zu stellen, benötigen Fachleute viel Zeit und eine Menge Informationen. Diese erlangen sie über Gespräche (mit der Person selbst, Eltern und weiteren Bezugspersonen), Fragebögen und Beobachtungen. Diagnostiker werden ein Kind in verschiedenen sozialen Situationen beobachten wollen und dafür auch auf Erfahrungen weiterer Fachpersonen (Lehrer, Erzieher, Sprachtherapeuten, Ergotherapeuten etc.) zurückgreifen. Es gibt außerdem Tests und Screenings, die genauere Hinweise dafür geben, ob jemand im Autismus-Spektrum sein könnte. Diese Screenings sind so gestaltet, dass das Kind in verschiedenen sozialen Situationen und beim Spiel beobachtet werden kann. Zur Diagnostik gibt es eine Leitlinie, an der Fachpersonen sich orientieren sollten, wenn sie diagnostizieren (AWMF 2016).

Ablauf einer Diagnostik im Kindesalter

1. **Anamnese und Gespräch:** Zuerst werden die Eltern eingeladen, über die Entwicklung ihres Kindes zu sprechen. Dies umfasst Schwangerschaft, Geburt und die frühe Kindheit.
2. **Beobachtung und Interaktion:** Das Kind wird in verschiedenen Situationen beobachtet, wie zum Beispiel beim Spielen oder in der Kommunikation mit anderen. Dabei achten die Experten auf spezifische Verhaltensmuster.
3. **Elternfragebögen:** Die Eltern erhalten möglicherweise Fragebögen, um mehr über das Verhalten ihres Kindes zu erfahren. Diese helfen den Fachleuten, ein umfassendes Bild zu erhalten.

4. **Entwicklungstests:** Das Kind wird möglicherweise verschiedenen Tests unterzogen, um die kognitiven und sprachlichen Fähigkeiten zu bewerten. Diese Tests sind spielerisch und kindgerecht gestaltet.
5. **Gespräch mit anderen Betreuungspersonen:** Falls das Kind bereits in einer Betreuungseinrichtung ist, können auch die Betreuerinnen und Betreuer befragt werden, um zusätzliche Einblicke zu bekommen.
6. **Rückmeldung und Diagnose:** Nachdem alle Informationen gesammelt wurden, geben die Fachleute eine Rückmeldung an die Eltern. Hier wird auch besprochen, ob eine Autismus-Diagnose gestellt wird.

Quellen

Arbeitsgemeinschaft der wissenschaftlichen medizinischen Fachgesellschaften – AWMF (2016): Autismus-Spektrum-Störungen im Kindes-, Jugend-, und Erwachsenenalter. Teil 1: Diagnostik. Abrufbar unter: https://register.awmf.org/assets/guidelines/028-018l_S3_Autismus-Spektrum-Stoerungen_ASS-Diagnostik_2016-05-abgelaufen.pdf

World Health Organization – WHO (2022): International classification of diseases ICD-11 – deutsche Version. Abrufbar unter https://www.bfarm.de/DE/Kodiersysteme/Klassifikationen/ICD/ICD-11/uebersetzung/_node.html abgerufen am 09.03.2025

1.3 Wie entsteht Autismus?

Autismus wird auf der Grundlage von Verhaltensweisen diagnostiziert. Die Wissenschaft ist aktuell damit beschäftigt, herauszufinden, wie es zu den Unterschieden im Verhalten und in der Wahrnehmung kommt. Wenn man verstehen möchte, wie das komplexe Bild des

Autismus entsteht, reicht es nicht aus, sich ausschließlich mit einer einzigen wissenschaftlichen Fachrichtung zu beschäftigen. Theorien und Erkenntnisse aus der Genetik tragen ebenso wie die Neurowissenschaften und die Kognitionswissenschaften zur Erkenntnis bei.

Noel und Angelaki (2023) betonen, dass es nur wenige formell getestete Studien gebe, die klare Aussagen darüber treffen können, welche autistischen Symptome genau auf welche Hintergründe zurückzuführen sind. Sie vertreten die These, dass es Menschen im Autismus-Spektrum schwerfalle, interne kognitive Modelle zu aktualisieren. Das bedeutet folgendes: Um uns ein internes Bild von der Welt und ihren Gesetzmäßigkeiten zu machen, müssen wir unsere täglichen Beobachtungen mit versteckten Ursachen verknüpfen. Es ist für Menschen im Autismus-Spektrum eventuell schwerer, diese inneren Konstrukte aufgrund äußerer Erfahrungen zu bilden und zu aktualisieren. Zum Beispiel ist es eventuell auch schwierig, nachzuvollziehen, ob verschiedene Sinnesreize mit derselben Sache zusammenhängen oder nicht. Sowohl Unter- als auch Überempfindlichkeiten könnten damit zusammenhängen, dass die eintreffenden Wahrnehmungsreize nicht in den passenden Zusammenhang gebracht werden. Durch diese fehlenden Zusammenhänge und dadurch, dass die Impulse nicht erwartet wurden, können einzelne Reize dem Menschen zu stark, zu schwach oder zu lang erscheinen. Wiederholende Verhaltensweisen, Beharren auf Gleichheit und Stereotypien, könnten darauf zurückzuführen sein, dass autistische Menschen versuchen, eintreffende sensorische Informationen mit den Erwartungen darüber, wie diese sein sollten, in Einklang zu bringen. Stereotype und repetitive Verhaltensweisen wären dann eine Kompensation des autistischen Menschen, der mit einem überfordernden Reizumfeld konfrontiert ist. Noel und Angelaki (2023) gehen davon aus, dass auch die sozio-kommunikativen Beeinträchtigungen möglicherweise auf diese Wahrnehmungsbesonderheiten aufbauen. Soziale Situationen sind besonders komplexe Szenarien, deren verborgene Strukturen kompliziert und ständig im Wandel sind. Diese Theorie würde dafür sprechen, dass die Pädagogik in der Arbeit mit autistischen Menschen besonders wichtig ist.

1.3 Wie entsteht Autismus?

Diese Idee wurde von Peter Vermeulen (2024) mit dem Konzept des »prädiktiven Gehirns« ins Deutsche übertragen.

> **Rolle der Pädagogik**
> Es geht nicht darum, autistischen Menschen sogenanntes »normales« Verhalten anzutrainieren oder sie dazu zu bringen, ihre Kompensationen unauffälliger auszuführen oder gar zu unterlassen. Es sollte vielmehr darum gehen, autistischen Menschen ein Lernumfeld zu ermöglichen, in dem sie die eintreffenden Reize besser verarbeiten und verstehen können. Dazu gehört das Schaffen von Übersicht und das Reduzieren von Komplexität. Außerdem kann man autistische Menschen dabei unterstützen, Strategien zum Umgang mit dem Reizumfeld und sozialen Anforderungen zu entwickeln.

Die Theorie der verminderten zentralen Kohärenz (Happé & Frith 2006) besagt, dass viele autistische Menschen eingehende Reize vielleicht nicht auf einer ganzheitlichen Verarbeitungsstufe wahrnehmen. Auf dieser werden Reize gebündelt, in Zusammenhang gesetzt und irrelevante Reize ausgeblendet. Diese Prozesse der Aufmerksamkeit und Wahrnehmung erleichtern uns den effizienten Umgang in einer vielfältigen Reizumgebung. Happé und Frith sehen diese Theorie nicht nur defizitorientiert. Menschen mit einer übermäßig starken zentralen Kohärenz seien zum Beispiel nicht gut darin, detail-orientierte Aufgaben zu bewältigen, wie zum Beispiel das Korrekturlesen von Texten (Happé & Frith 2006, 15). Dies könne vielen autistischen Menschen, welche ihre Umwelt detailorientierter wahrnehmen, leichter fallen.

Eine weitere Theorie, die erklären kann, wie es dazu kommt, dass die soziale Interaktion in einer neurotypischen Welt für autistische Menschen schwieriger ist, ist die Theorie der »Theory of Mind«. Diese besagt, dass es autistischen Menschen schwerer falle, sich in die mentalen Zustände anderer Menschen hineinzuversetzen (Frith & Happé 1999, 1). Die Theorie wird gestützt durch sogenannte »False

Belief-Tests«. Das sind Aufgaben, in denen zum Beispiel die Fehlannahmen einer Comicfigur vermutet werden muss (Wo wurde der Ball versteckt? Unterschied zwischen dem, was wir als Außenstehende wissen und was die Figur denkt). Viele Eigenaussagen autistischer Personen, die sprechen können, bestätigen diese Theorie. Manche autistische Personen scheinen in ihrer Kindheit keine intuitive Theory of Mind zu besitzen. Dies könnte aber auch daran liegen, dass das Erkennen, Verstehen oder nur das Einbeziehen von mimischen, gestischen und stimmlichen Signalen im Reizchaos schwerer ist. Im Laufe ihres Lebens lernen viele autistische Personen, sich das Denken und Erleben anderer Menschen herzuleiten. Der Zugriff auf diese Fähigkeit kann situationsabhängig variieren.

Eine Theorie, die sich in den Medien stabilisiert hat, ist die der »Spiegelneuronen«. Spiegelneuronen ermöglichen, so die Theorie, das Nachvollziehen und Imitieren anderer Menschen. Lange wurde diskutiert, dass diese Spiegelneuronen (korrekter als »Spiegelsystem« benannt) bei autistischen Menschen vermindert aktiv oder entwickelt sein könnten. Gegenwärtige Forschung bezweifelt aber diese Theorie. Die Forscherinnen Heyes und Catmur (2022) weisen darauf hin, dass es zwar Hinweise darauf gibt, dass an vielen Fähigkeiten des Menschen eine Beteiligung eines neuronalen Spiegelsystems vorkomme, es gebe aber keine belastbaren Hinweise darauf, dass dieses bei autistischen Menschen nicht funktioniere (Heyes & Catmur 2022, 153 ff).

Das bessere Verständnis der Grundlagen von Autismus ist ein wichtiger Fortschritt. Es zeigt, dass Autismus als angeborene genetische und neurologische Eigenschaft betrachtet wird und nicht mehr mit Erziehungsfehlern in Verbindung gebracht wird. Bruno Bettelheim prägte um die 1970er die Überzeugung, die für Familien und besonders Mütter autistischer Kinder fatal war: Er ging davon aus, dass Autismus bei Kindern dadurch hervorgerufen werde, dass ihre Mütter sich zu ihnen im frühen Kindesalter distanziert verhielten (Bettelheim 1972). Auch wenn diese Idee in der seriösen Fachwelt nicht mehr aufrechtgehalten wird, werden Eltern autistischer Kinder im privaten Umfeld immer wieder noch mit derartigen

Vermutungen konfrontiert. Der genetische, neurodiverse Aspekt bedeutet für Eltern autistischer Kinder also auch die Erleichterung, dass es nicht um die Verhandlung einer Schuldfrage geht.

Die Erforschung der tatsächlichen Gründe und Ursachen für Autismus ist entscheidend, um Vorurteile und Mythen abzubauen. Davon profitieren nicht nur Familien autistischer Menschen, sondern auch die Betroffenen selbst.

> **Reflexionsfrage:**
> Welche Ihrer persönlichen Theorien zu Ursachen von Autismus wurden bestätigt? Welche haben Sie verworfen? Was bedeutet dies für Ihre Pädagogik?

Zum Weiterlesen

Vermeulen, P. (2023): Autismus und das prädiktive Gehirn: absolutes Denken in einer relativen Welt. Freiburg: Lambertus Verlag

Quellen

Bettelheim, B. (1972): The empty fortress. Autism and the birth of the self. New York: The Free Press.

Frith, U., & Happé, F. (1999): Theory of mind and self-consciousness : What is it like to be autistic ? *Mind & Language, 14*(1), 1–22.

Happé, F., & Frith, U. (2006): The weak coherence account: detail-focused cognitive style in autism spectrum disorders. *Journal of Autism and Developmental Disorders, 36*(1), 5–25. https://doi.org/10.1007/s10803-005-0039-0

Heyes, C., & Catmur, C. (2022): What Happened to Mirror Neurons? *Perspectives on Psychological Science, 17*(1), 153–168. https://doi.org/10.1177/1745691621990638

Noel, J.-P., & Angelaki, D. E. (2023): A theory of autism bridging across levels of description. *Trends in Cognitive Sciences, 27*(7), 631–641. https://doi.org/10.1016/j.tics.2023.04.010

Vermeulen, P. (2023): Autismus und das prädiktive Gehirn: absolutes Denken in einer relativen Welt. Freiburg: Lambertus Verlag

> **Wissen auf den Punkt gebracht: Erkenntnisse und Empfehlungen**
>
> **Erkenntnisse aus diesem Kapitel:**
>
> - Autismus ist eine lebenslange Disposition und zeigt sich sehr individuell – diese Individualität spiegelt sich im Begriff »Autismus-Spektrum«.
> - Die Autismus-Diagnose wird aufgrund von Beobachtungen und Befragungen gestellt.
> - Die Ursachen von Autismus sind genetisch. Die Genetik wirkt sich darauf aus, wie das Gehirn aufgebaut ist und wie es arbeitet.
> - Viele autistische Menschen nehmen die Welt chaotischer und weniger vorhersehbar wahr als neurotypische Menschen.
>
> **Die wichtigsten pädagogischen Konsequenzen:**
>
> - Es geht in Pädagogik und Therapie nicht darum, den Autismus zu beseitigen. Statt einer »Behandlungs-Perspektive« geht es um eine »Unterstützungs-Perspektive«.
> - Dazu gehört es, Menschen stark zu machen und ihre Kompetenzen für den Alltag zu fördern, aber auch darum, die Umwelt anzupassen.
> - Es ist wichtig, sich mit Innensichten autistischer Menschen auseinanderzusetzen. Hierzu gibt es Blogs, Bücher und Kanäle in den sozialen Medien.
> - Eine zentrale pädagogische Aufgabe im Zusammenhang mit Autismus ist, eine passende Reizumgebung zu schaffen, in der die Person sich öffnen und sicher fühlen kann.

- Im Zentrum der Pädagogik steht auch, für die Person Vorhersehbarkeit im Alltag zu schaffen.

2 Alltag mit Menschen im Autismus-Spektrum

Frau W., 29 Jahre alt
Frau W. arbeitet eigentlich gern. Sie geht seit einiger Zeit zur Sozialen Arbeitsstätte in der Nähe ihres Zuhauses und kennt ihre Kolleginnen und Kollegen dort sehr gut. Sie hat dort auch zwei besonders nette Kolleginnen. Mit denen verbringt sie gern die Mittagspause. Allerdings immer nur mit einer gleichzeitig – wenn die Frauen Gespräche durcheinander führen, wird Frau W. das schnell zu viel. Frau W. hätte eigentlich lieber etwas mit Tieren gemacht, aber allen war irgendwie klar, dass sie in die Arbeitsstätte gehen soll. Was ihr dort gefällt, ist, dass die anderen verstehen, wenn ihr alles zu viel wird. Wenn alles für sie ganz eng und kribbelig wird und sie dann schreit, schimpft keiner. Sie kann sich dann zurückziehen und wenn sie will, bleibt jemand bei ihr, bis es wieder geht. Niemand redet dann auf sie ein. Sie merkt, dass die Betreuer verstehen, wie es ihr geht und was sie braucht. Manchmal riecht sie dann an den Hundeleckerlies in ihrer Tasche. Wenn sie dabei ans Gassi gehen im Tierheim am Samstag denkt, hilft das. Früher in der Schule gab es eine Erzieherin, die ihr die Leckerlies dann immer weggenommen hat, dadurch wurde alles noch schlimmer. Und die hat dann, wenn für Frau W. alles viel zu viel wurde, auch noch auf sie eingeredet und sie am Arm berührt. Das machte alles noch kribbeliger, und später sollte Frau W. sich dann bei ihr entschuldigen. In letzter Zeit wird wieder häufiger alles zu viel. Frau W. wohnt noch bei ihren Eltern, aber das geht nicht mehr lange so. Sie soll in eine betreute Wohngruppe ziehen. Weil die aber weiter weg ist, ist nicht klar, ob Frau W. bei der Arbeitsstätte bleiben kann. Frau W. merkt jeden Tag, dass ihre Eltern sehr nervös sind und viele Gespräche am Telefon dazu

führen. Ihre Mutter sagte letztens: »Dann sehen wir uns bald nicht mehr jeden Tag.« Dabei kippte die Stimme ihrer Mutter. Frau W. ist jetzt auch nervös. Sie weiß nicht, wie oft sie ihre Eltern dann sehen wird und was sie tun muss, um sie zu sehen. Und ob sie Samstag noch ins Tierheim gehen kann, weiß sie auch nicht. Sie hat auch Angst, dass in der Wohngruppe zu viele Leute durcheinanderreden und dass sie da vielleicht Dinge essen muss, vor denen sie sich ekelt.

2.1 Wie autistische Menschen ihren Alltag wahrnehmen

Viele nicht-sprechende Menschen im Autismus-Spektrum können wir (noch) nicht direkt nach ihrem Empfinden oder ihren Bedürfnissen fragen. Um trotzdem ein Gefühl dafür zu bekommen, wie es ihnen geht, was sie brauchen und was ihnen guttut, braucht es genaue Beobachtung. Und es braucht Hypothesenbildung. Hypothesenbildung bedeutet, dass wir Vermutungen für die Perspektive der Person entwickeln. Diese entwickeln sich aus einem Querschnitt aus individuellen Beobachtungen, wissenschaftlichen Erkenntnissen und Erfahrungswissen. Erfahrungswissen bedeutet nicht nur meine persönliche Erfahrung als Fachperson mit autistischen Menschen. Meine Erfahrung wird angereichert durch die erzählten Erfahrungen sprechender und schreibender autistischer Menschen, deren Eltern oder anderer therapeutischer und pädagogischer Fachkräfte. Sie wird auch durch die Lektüre autistischer Autorinnen und Autoren angereichert, durch Blogeinträge und Befragungen.

Wir werden in diesem Kapitel ein paar Eindrücke sammeln, die helfen, Wahrnehmungsphänomene autistischer Menschen einzuordnen. Am Ende folgen Empfehlungen, wo sich ein Weiterlesen lohnt, um tiefer in das Erleben autistischer Menschen einzusteigen.

Maria Zimmermann (2023) beschreibt als autistische Autorin in ihrem Buch »Anders – nicht falsch« ihr Empfinden der Andersartigkeit in einer neurotypischen Welt. Sie beschreibt ihre Wahrnehmung mit der Theorie der eingeschränkten zentralen Kohärenz so: »Bevor das große Ganze erkannt wird, müssen erst alle Details und Fragen geklärt werden. [...] Das zeigt sich nicht nur im Denken, sondern auch in sprachlichen Eigenheiten« (Zimmermann 2023, 59). Eine Welt, die aus Details besteht, und Situationen, die nicht sofort als Ganzes erfasst werden können, bedeuten langsameres Reagieren. Sie bedeutet auch Schwierigkeiten mit dem Wechsel zwischen Situationen und jede Menge Unvorhersehbarkeit. Rituale und Routinen, so die Autorin, helfen dabei, eine gewisse Vorhersehbarkeit zu schaffen und sich im Alltag sicher zu fühlen. In Bezug auf soziale Situationen und das Thema »Sprache und Sprechen« erläutert die Autorin, wie schwer es sein kann, aus einer Masse an Gesprächen die relevanten Informationen herauszufiltern. Sie beschreibt die Verunsicherungen, die bei ihr entstehen, wenn andere Personen Sprache ungenau oder für andere Zwecke als für den Informations-Austausch verwenden. In Gruppengesprächen habe sie oft das Gefühl, die einzige zu sein, der eine grundlegende Information für diese Interaktion fehle. Zur von neurotypischen Menschen oft geäußerten Idee, autistische Menschen würden keine Kontakte wünschen, schreibt sie: »Mir wird oft gesagt, dass ich Menschen hassen würde. Das stimmt nicht, Ich liebe Menschen, sie überfordern mich nur. Ich brauche für sie soziale Energie, und da ich wenig davon habe, muss ich gezielt entscheiden, wem ich diese Energie gebe« (Zimmermann 2023, 150). Aus Zimmermanns Ausführungen wird schnell klar, dass viele Verhaltensweisen, die früher als nicht funktionale Symptome von Autismus abgewertet wurden, eigentlich Ressourcen einer autistischen Person sind. Sie helfen, Ordnung in den Alltag zu bekommen, die Überforderung zu managen und die eigenen Emotionen zu regulieren.

Zimmermann beschreibt ihre Spezialinteressen als »Enthusiasmen«. Diese ermöglichen ihr, aus der stressbeladenen Welt abzutauchen und ganz in ihrem Thema aufzugehen. Sie beschreibt, dass

»Stimming«, also selbststimulatives Verhalten wie Wippen oder Summen, eine stressreduzierende Wirkung hat und ihr hilft, Informationen von außen zu verarbeiten. Sie beschreibt aber auch die belastende Wirkung des »Maskierens« – der Techniken, um neurotypischer zu wirken und nicht aufzufallen.

Rebecca Charlton (2021) aus London hat mit ihren Kollegen Menschen im Autismus-Spektrum zum Stimming befragt. Auch hier kam heraus, dass Stimming häufig etwas mit der Reiz-Umwelt zu tun hat. Die Reaktionen auf sensorische Reize waren vielfältig: Negative körperliche Empfindungen wie Kopfschmerzen, Unbehagen und Desorientierung, emotionale Reaktionen wie Angst und Panik, sowie kognitive Effekte in Form von Verwirrung und Schwierigkeiten beim Konzentrieren wurden beschrieben. Eine Person beschrieb ihr Erleben folgendermaßen: »Es fühlt sich an, als ob Ameisen unter meiner Haut krabbeln, was bis hin zur Angst führt, bis ich das Gefühl habe, zu explodieren« (Charlton et al 2021, 5). »Ich bin unfähig, irgendetwas um mich herum zu erfassen. Die sensorischen Reize werden so ablenkend, dass ich mich auf nichts anderes konzentrieren kann« (Charlton et al 2021, 5). Eine Person erklärte: »Ich denke, sie [die Verhaltensweisen beim Stimming – Anmerkung der Autorin] helfen mir, die Energie in meinem Körper besser auszurichten, damit blockierte Energie aus mir herausfließen kann, anstatt in mir zu bleiben und mir Schmerzen zu bereiten. Ich finde es tröstlich und entspannend« (Charlton et al 2021, 6).

Funktionen des »Stimmings«
Stimming wird oft als Möglichkeit beschrieben, emotionale und kognitive Funktionen zu regulieren. Dabei dient es in der Regel dazu, eine Ansammlung von Gefühlen abzubauen, bevor sie überwältigend wird. Zum Beispiel werden Flattern und Singen bei Aufregung angewendet, während das Fingerflicken bei Angst hilfreich ist. Verbales Stimming kann auch das wiederholte Aussprechen von Wörtern oder Wortreihen sein.

> Die Unterdrückung von Stims führte zu negativen Emotionen. Viele beschrieben Scham und das Gefühl, überwältigt zu sein. Bei manchen steigt die Angst so sehr an, dass sie fliehen müssen. Auch negative kognitive Effekte wurden festgestellt. Wenn bevorzugte Stims unterdrückt werden, führt dies zu Konzentrationsmangel und Verwirrung.

Die Gründe, Stimming zu unterdrücken, waren hauptsächlich soziale Akzeptanz von Verhalten. Soziale Erwartungen spielten eine große Rolle, um »dazu zu gehören« und »normal auszusehen«. Viele der Befragten wollten nicht auffallen. Zusätzlich wurden auch explizit gelernte Gründe genannt. Es war üblich, von der Familie zu hören: »Tu das nicht, du siehst behindert aus« (Charlton et al 2021, 7). Manche Menschen nutzten Ersatz-Stims anstelle ihrer bevorzugten Stims, da diese weniger offensichtlich waren. Eine Person erklärte: »Deshalb habe ich meinen Zehen-Buchstabier-Stim entwickelt – Leute können ihn nicht sehen, wenn du Schuhe trägst, aber du weißt, dass du es tust und kannst es in deinem Kopf sehen« (Charlton et al 2021, 7). Gee Vero schreibt zum Stimming »Ich kann es nicht oft genug wiederholen. Stimming ist mein wichtigstes Hilfsmittel überhaupt. Stimming beruhigt mich und ermöglicht mir, mich in die Interaktion mit anderen Menschen zu begeben und in dieser eine Zeit lang verweilen zu können. Stimming ermöglicht mir Teilhabe« (Vero 2020, 141).

Diese Ergebnisse unterstreichen die Bedeutung von Stimming als positives Mittel für autistische Menschen. Es ist wichtig, die Akzeptanz von Stimming zu fördern und zu verstehen, wie die Unterdrückung von Stims und der soziale Druck, dies zu tun, negative Auswirkungen haben können. Stims können für Außenstehende auch ein wichtiger Hinweis dafür sein, inwiefern ein autistischer Mensch das Reizumfeld als herausfordernd erlebt.

2.1 Wie autistische Menschen ihren Alltag wahrnehmen

> **Reflexionsfrage:**
> Wie war Ihre bisherige Einstellung zum Stimming?
> Was hat sich nach dem Lesen vielleicht verändert?
> Welche Konsequenzen ergeben sich für Sie zum Umgang mit Stimming im Alltag?

MacLennan und Kolleginnen (2021) befragten autistische Erwachsene zu ihren Erfahrungen mit sensorischen Empfindlichkeiten und sensorisch herausforderndem Input:

Die Inhaltsanalyse ergab, dass autistische Erwachsene oft eine Hyperreaktivität gegenüber hellen Lichtern erleben, sowohl künstlichen als auch Sonnenlicht. Außerdem waren sie gegenüber blinkenden Lichtern und belebten, chaotischen Umgebungen empfindlich. Viele berichteten auch von einer Überempfindlichkeit gegenüber lebhaften Farben und Mustern sowie gegenüber Bewegung oder bewegten Objekten. Im auditiven Bereich reagierten viele stark auf laute und/oder unerwartete Geräusche, wie zum Beispiel Sirenen, Alarme und bellende Hunde. Es wurde auch häufig über starke Reaktionen auf belebte/chaotische akustische Umgebungen und Hintergrundgeräusche berichtet. Dies kann insbesondere in Situationen mit mehreren Gesprächen (z.B. eine Party oder in der Schulpause) der Fall sein. Im taktilen Bereich berichteten viele der autistischen Erwachsenen von einer Überempfindlichkeit gegenüber Berührungen von anderen Menschen. Dies ist insbesondere der Fall, wenn sie leicht oder unerwartet sind, sowie gegenüber unterschiedlichen Stoffstrukturen und Etiketten in Kleidung. Einige der autistischen Erwachsenen berichteten auch davon, dass eng anliegende Kleidung und bestimmte raue Texturen wie Teppiche und Federn sowie feuchte/fettige Texturen wie Schweiß oder Lotionen unangenehm waren. Bezüglich der Wahrnehmung von Kälte und Wärme berichteten viele der autistischen Erwachsenen davon, dass Temperaturschwankungen stark wahrgenommen werden – es ist dann schnell zu heiß oder zu kalt (z.B. auch beim Duschen). Was den Geruchssinn betrifft, berichteten viele der autistischen Erwachsenen von individuellen Abneigungen gegen bestimmte Lebensmittelgeschmäcker und diätetische Einschränkungen aufgrund einer starken Wahrnehmung bestimmter Geschmäcker und Texturen. Schließlich berichteten viele der autistischen Erwachsenen von einer starken Überreizung von allem, was sie als starke Gerüche bezeichneten. Dies war zum Beispiel Parfüm, duftende Produkte oder Essensgerüche. Diese fanden viele unerträglich und sie konnten ihnen Übelkeit verursachen. Auch Gerüche von Menschen oder Tieren sowie unangenehme Hausgerüche wie Müll konnten Ekel auslösen. Viele autistische Erwachsene beschrieben als Stimming, dass sie sich gezielt helle Farben und Muster für längere Zeit ansehen, sowie komplexe Bilder, wie Natur- oder Kunstszenerien. Einige berichteten auch, dass sie Bewegung oder bewegte Objekte suchen, sowie Umgebungslicht. Im auditiven Bereich gaben die autistischen Erwachsenen häufig an, dass sie Musik hören, die ihren individuellen Musikgeschmack entspricht, und oft das gleiche Lied wiederholt abspielen. Bezüglich des taktilen Bereichs beschrieben viele der autistischen Erwachsenen, dass sie Druck suchen, zum Beispiel durch das Tragen enger Kleidung und das Erhalten fester Umarmungen von vertrauten Personen, sowie das Berühren bestimmter Texturen, wie weicher oder flauschiger Materialien. Viele suchten auch das Gefühl von warmen oder kalten Oberflächen auf ihrer Haut. In Bezug auf den Geschmackssinn gab es Berichte dazu, dass Personen bestimmte Lebensmittelgeschmäcker und -texturen suchen und sich manchmal auf bestimmte Lebensmittel fixieren. Schließlich beschrieben viele der autistischen Erwachsenen, dass sie kontinuierlich Gerüche suchen, die sie mögen, wie Lebensmittelaromen, Parfüm, duftende Produkte und Aromatherapie. Die sensorischen Erfahrungen lösen eine Vielzahl intensiver und überwältigender körperlicher Reaktionen aus. Die sensorische Überempfindlichkeit wird oft als körperlicher Schmerz erlebt, sei es aufgrund plötzlicher lauter Geräusche oder unerwarteter Berührungen, und sie kann Kopfschmerzen und Übelkeit verursachen, beispielsweise aufgrund von starken Gerüchen, die überwältigend werden. Einige berichteten: »Den Geruch eines starken Duftes zu riechen, ist wie gefoltert zu werden, die Zeit bleibt stehen und ich bin fast krank« (MacLennan et al. 2021, 368). »Ich erschrecke leicht vor Geräuschen oder Berührungen, Geräusche schmerzen mich körperlich« (MacLennan et al. 2021, 368).

Es gab verschiedene Möglichkeiten, wie autistische Menschen sich in ihrem Alltag anpassten, um mit sensorischen Reizen in verschiedenen Situationen oder Umgebungen umgehen zu können. Einige der Erwachsenen beschrieben Werkzeuge und Strategien, die ihnen helfen, mit den Reizen umzugehen, wie das Tragen von Sonnenbrillen, um die Auswirkungen von hellem Licht zu reduzieren, oder das Verwenden von Ohrstöpseln oder Kopfhörern, um die Auswirkungen von lauten oder lauten Umgebungen zu verringern.

Keren McLennan und ihre Kollegen (2022) aus Nordengland haben ein Jahr später 24 autistische Erwachsene nach ihren Erfahrungen bezüglich der Wahrnehmung alltäglicher Situationen befragt. Die Befragten gaben folgende Settings als am stärksten belastend an: Supermärkte, Ess-Lokale, Einkaufsstraßen, Öffentlicher Verkehr, Gesundheitssettings (Krankenhaus oder Arztpraxen). Als angenehm wurden folgende Settings beschrieben: Settings im Outdoor-Bereich, Einzelhandels-Geschäfte, Museen, Konzert-Hallen u. ä., Theater und Kinos, Stadien. Die Forscher arbeiteten Merkmale für die sensorische Belastung autistischer Menschen heraus.

> **Faktoren der sensorischen Belastung (McLennan et al. 2022, 19)**
>
> 1. »Sinneslandschaft« (Reiz-Belastung; anhaltende und unausweichliche sensorische Reize; unkontrollierbare Reiz-Umgebung)
> 2. »Raum« (betriebsam und übervoll; begrenzte bebaute Umgebung)
> 3. »Vorhersehbarkeit« (Ungewissheit; inkonsistent und unbekannt; Mangel an Informationen für vorausschauende Planung)

4. »Verständnis« (Missverständnis und Beurteilung durch Andere; nicht unterstützende Personen)
5. »Umstände« (unflexible Kommunikation; Zeitdruck)
6. »Erholung« (kein Raum zur Flucht; nicht in der Lage, sich zu erholen und vorzubereiten)

Die anhaltende sensorische Reizüberflutung, der man nicht ausweichen oder entkommen kann, wurde als überwältigend und beeinträchtigend empfunden. Zudem wiesen Betroffene darauf hin, wie schwierig es ist, sich in Umgebungen mit höherer sensorischer Belastung über längere Zeit aufzuhalten und sich dort eingeengt zu fühlen. Einige autistische Erwachsene merken an, dass Umgebungen zugänglicher sein könnten, wenn bestimmte sensorische Elemente kontrolliert werden können. Ein Beispiel ist die Möglichkeit, die Helligkeit oder die Lautstärke von Geräuschen im Raum anzupassen. Die Möglichkeit, die Umgebung zu kontrollieren, könnte die Belastung durch den sensorischen Input verringern, so dass die Umgebung weniger überwältigend und leichter zugänglich ist. Das Gefühl der Enge und des Gedränges in einem Raum kann dazu führen, dass öffentliche Plätze im Vergleich zu offenen, ruhigen Räumen eine größere Herausforderung für die Sinne darstellen. Dies wurde durch die Betriebsamkeit und die Nähe anderer Menschen beeinflusst sowie durch die räumliche Enge der baulichen Umgebung. Umgebungen mit vielen Menschen in unmittelbarer Nähe wurden als schwierig beschrieben, da der auditive, taktile und visuelle Input zunahm. Die Betroffenen sprachen darüber, dass sie oft Orte bevorzugen, die weniger belebt sind, und dass sie versuchen würden, Umgebungen zu ruhigeren Zeiten zu besuchen, da die gemeinsame Nutzung von Räumen mit weniger Menschen den Zugang zu diesen Orten erleichtert. Vorhersehbarkeit war ein wichtiger Faktor im Zusammenhang mit sensorischem Input und der Zugänglichkeit von öffentlichen Orten. Die Personen diskutierten dies im Hinblick auf die Unsicherheit, Konsistenz und Vertrautheit von Umgebungen und das sensorische Input. Ein hilfreicher Aspekt war auch, im Voraus verfügbare Informationen zu haben, um die Vorhersehbarkeit einer Umgebung zu erhöhen. Die Unsicherheit darüber, wie lange sie sich in der Umgebung aufhalten mussten, welche Arten von Sinneseindrücken vorhanden waren und wie häufig aversive Reize auftreten würden, führte dazu, dass herausfordernde sensorische Umgebungen als überwältigend empfunden wurden. Auch die Ungewissheit über den Aufbau und die Abläufe in der Umgebung trug zur kognitiven Belastung eines ohnehin schon schwierigen Ortes bei.

Es ist entscheidend, dass sowohl das Personal an öffentlichen Orten als auch die Öffentlichkeit im Allgemeinen ein besseres Verständnis für sensorische Verarbeitung und Autismus entwickeln, um öffentliche Orte inklusiver zu gestalten. Befragte berichteten von Situationen, in denen sie aufgrund von Missverständnissen und Vorurteilen bezüglich ihrer sensorischen Bedürfnisse mit Unverständnis konfrontiert wurden. Dies passierte sowohl seitens des Personals als auch durch Passanten. Zudem hatten sie Erfahrungen damit, ihre sensorischen Herausforderungen und Bewältigungsstrategien zu verbergen, um eine mögliche Beurteilung durch andere zu vermeiden. Es bedarf längerer Regenerationsphasen, wenn man von einer sensorischen Umgebung überreizt ist. Pausen sind wichtig, um sich auf die herausfordernden Sinneseindrücke vorzubereiten und sich zu erholen. Viele sprachen auch darüber, wie wichtig spezielle Rückzugsorte sind, um sich vor intensivem sensorischem Input abzuschirmen und Abstand von anderen Menschen zu nehmen.

> **Reflexionsfrage:**
> Aus diesen Berichten lassen sich Konsequenzen für den Alltag mit autistischen Menschen in pädagogischen Settings ableiten. Welche Situationen in Schule, Hort und Kindergarten könnten Ihrer Auffassung nach belastend sein? Wie könnte man diese Belastung abmildern?

Zum Weiterlesen

Schreiter, Daniela (2014): Schattenspringer. Wie es ist, anders zu sein. Nettetal: Panini Verlag.
Zimmermann, Maria (2023): Anders, nicht falsch. Zürich: Kommode Verlag.

Quellen

Charlton, R. A., Entecott, T., Belova, E., & Nwaordu, G. (2021): »It feels like holding back something you need to say«: Autistic and Non-Autistic Adults accounts of sensory experiences and stimming. *Research in Autism Spectrum Disorders, 89*, 101864–. https://doi.org/10.1016/j.rasd.2021.101864

MacLennan, K., Woolley, C., @andsensory, E., Heasman, B., Starns, J., George, B., & Manning, C. (2022): »It Is a Big Spider Web of Things«: Sensory Experiences of Autistic Adults in Public Spaces. Autism in Adulthood. https://doi.org/10.1089/aut.2022.0024

MacLennan, K., O'Brien, S., & Tavassoli, T. (2022): In Our Own Words: The Complex Sensory Experiences of Autistic Adults. *Journal of Autism and Developmental Disorders, 52*(7), 3061–3075. https://doi.org/10.1007/s10803-021-05186-3

Vero, G. (2020): Das andere Kind in der Schule. Autismus im Klassenzimmer. Stuttgart: Kohlhammer Verlag.

2.2 Die Situation der Eltern autistischer Kinder

Die Situation der Eltern autistischer Kinder kann gleichermaßen durch Glücksmomente und Belastungen geprägt sein. Sie findet sowohl durch Familie und Freunde als auch durch das professionelle Umfeld oft wenig Beachtung. Für alle, die pädagogisch mit autistischen Menschen arbeiten, ist es wichtig, die Perspektive der Eltern einzubeziehen und aktiv kennenlernen zu wollen. Dies gilt nicht nur für die pädagogische Arbeit mit Kindern, sondern auch mit Erwachsenen im Autismus-Spektrum.

> **Reflexionsfrage:**
> Frage für pädagogische und therapeutische Fachkräfte: Welche Erfahrungen haben Sie in der Zusammenarbeit mit Eltern autistischer Kinder oder Eltern autistischer Erwachsener gemacht? Welche Freuden, Sorgen und Empfindungen erleben diese Eltern in ihrem Alltag?
> Frage für Eltern: Welche Erfahrungen haben Sie in der Zusammenarbeit mit pädagogischen und therapeutischen Fachpersonen gemacht? Fühlten Sie sich gestärkt oder verunsichert?

Gerade zur Zeit der Diagnostik und der ersten Auseinandersetzung mit der Idee, dass ein Kind autistisch sein könnte, äußern sich Therapeutinnen und Pädagoginnen in kollegialen Gesprächen häufig unzufrieden oder frustriert darüber, dass die Eltern ihres Schützlings die Autismus-Diagnose nur langsam oder augenscheinlich noch gar nicht anerkennen. Dabei ist es dringend nötig zu verstehen, was dieser Prozess für Eltern bedeuten kann und wie man sie dabei unterstützen kann. Brita Schirmer und Tatjana Alexander (2015) geben in ihrem Buch »Leben mit einem Kind im Autismus-Spektrum« einen sehr genauen Einblick in das Erleben von Eltern autistischer Kinder. Insbesondere das Verarbeiten der Diagnose wird hier mit Elterninterviews für Außenstehende nachvollziehbar.

Viele Eltern beschreiben die Zeit bis zur Diagnose als einen langen Weg, der mit dem Gefühl beginnt, dass mit dem eigenen Kind etwas anders ist. Trotz dieser ersten Ahnungen begegneten laut einer Umfrage von Schirmer und Alexander (2015, 186) nur zwanzig Prozent der Eltern der Diagnose mit Erlösung oder Erleichterung. Für 27 Prozent beginnt der Prozess mit einer Verleugnung der Diagnose, zwanzig Prozent beschrieben sich im Schock darüber, dass eine lebenslange Diagnose ausgesprochen wurde. Weitere Themen, die viele Eltern im Moment der Diagnosestellung beschäftigen, sind

Schuldgefühle und das Gefühl, dass die Diagnose wenig einfühlsam mitgeteilt wurde. Auf zwanzig Prozent wirkt die Diagnose aktivierend und als Herausforderung. Diese Ergebnisse zeigen sehr gut, dass der Prozess der Diagnoseverarbeitung für Eltern emotional vielschichtig ist, Zeit braucht und Schritt für Schritt begleitet werden sollte. Als besondere Herausforderung für Eltern autistischer Kinder erkennen Schirmer und Alexander (2015, 29), dass Eltern autistischer Kinder in der Regel nicht auf eigene Erfahrung (oder die Erfahrung naher Familienmitglieder) in Bezug auf den Alltag mit einem autistischen Kind zurückgreifen können.

Hirsch und Paquin (2019) fanden heraus, dass Eltern autistischer Kinder im Vergleich zu Eltern von neurotypischen Kindern oft signifikant mehr Stress erleben. Es kann für Eltern schwierig sein, eine Auszeit für sich selbst zu nehmen. Dies kann wiederum langfristig zu Erschöpfung führen. Soziale Unterstützung spielt hier eine entscheidende Rolle. Freunde, Familie und auch professionelle Netzwerke können dazu beitragen, den Stress zu lindern und den Eltern die benötigte Unterstützung zu bieten. Die Forscher fanden heraus, dass die Erwartungen und Wahrnehmungen der Eltern in Bezug auf ihr autistisches Kind einen entscheidenden Einfluss auf ihre Bewältigungs- und Erziehungsstrategien sowie auf ihre Beziehung zum Partner haben. Pädagogen und Therapeuten können Eltern durch kontinuierliche Gespräche und Informationen zum pädagogischen Prozess darin unterstützen, realistische Erwartungen entwickeln zu können. Dazu gehören vor allem die Darstellung der Ressourcen und das Erklären der Fortschritte des Kindes. Wenn Eltern verstehen, was es für die Entwicklung ihres Kindes bedeutet, dass es in der sprachtherapeutischen Sitzung erstmals die Zeigegeste anwendet, fällt es leichter, die große Tragweite augenscheinlich kleiner Fortschritte zu begreifen. Ebenso sollte im pädagogischen Prozess Raum für die eigene Erfahrung mit ihrem Kind geschaffen werden. Während frühe therapeutische oder pädagogische Hilfen die Entwicklung des Kindes positiv beeinflussen, kann die ständige Präsenz von Fachpersonen in der Erziehung ihres Kindes für Eltern aber auch verunsichernd wirken. Genaueres zu dieser Art der Dynamik kann bei Wilken und Jeltsch-Schudel (2014) nachgelesen werden. Insbesondere inhaltlich unterschiedliche Meinungen von Fachpersonen und die Vermittlung des Gefühls, dass Eltern nicht richtig mit dem eigenen Kind umgehen, wirken da belastend, wo das Helfersystem unterstützend wirken sollte.

Die Art, wie Eltern miteinander Entscheidungen zur Erziehung treffen, sind nach Hirsch und Paquin (2019) ebenfalls von großer Bedeutung. Eine kooperative Zusammenarbeit zwischen den Eltern stärkt nicht nur die Beziehung zueinander, sondern auch die Qualität der Erziehung. Im Gegensatz dazu kann eine Entscheidungsfindung, die immer durch ein Elternteil stattfindet, zu Konflikten und Schwierigkeiten führen. Auch hier kommen in den Interviews von Schirmer und Alexander (2015) Familien zu Wort, in denen eine solche Einseitigkeit, z. B. durch verschiedene Prozesse der Diagnoseverarbeitung bei beiden Partnern, eine große Rolle spielt.

Die Lebensqualität von Eltern autistischer Kinder ist außerdem stark kulturell abhängig (Eapen et al. 2023). Während Eltern in verschiedenen Ländern die Schwierigkeiten und Ressourcen ihrer autistischen Kinder ähnlich wahrnehmen, ergaben sich starke Unterschiede in dem, was die Eltern zu ihrer Lebensqualität im jeweiligen Land aussagten. Wenn Hilfesysteme (schulisch, medizinisch, pädagogisch) leicht zugänglich waren und die Versorgung eine hohe Qualität hatte, bedeutete dies auch eine höhere Lebensqualität (S. 5). Ein ebenso wichtiger Aspekt für das Erleben der Eltern ist das gesellschaftliche Stigma. Hier geht es darum, welche Überzeugungen und Wertehaltungen den Eltern von Seiten der Gesellschaft entgegengebracht werden. Gerade Eltern aus einem anderen kulturellen Umfeld sollten danach gefragt werden, wie das Thema Neurodiversität oder Beeinträchtigung in ihrem kulturellen Umfeld und in ihrer Familie diskutiert und bewertet wird. Dabei muss im praktischen Alltag »kulturelles Umfeld« nicht unbedingt die Herkunft aus einem anderen Land bedeuten. Es kann auch sein, dass religiöse Hintergründe oder die jeweilige spezifische Familienkultur eine große Rolle spielen. Inez Maus (2024) hebt in ihrem Buch »Familienbande bei Autismus« den Einfluss der Darstellung von Autismus in den

Medien hervor. Wenn Menschen im Autismus-Spektrum in Filmen und Serien sehr klischeehaft, übertrieben positiv oder negativ dargestellt werden, kann dies Auswirkungen auf die Einstellungen in der Gesellschaft und auch auf die Diagnoseverarbeitung von Eltern haben. Inez Maus (2024) beschreibt, dass stark negative Darstellungen zu Unsicherheiten führen können. Überzogen positive Darstellungen, die Schwierigkeiten im Alltag ignorieren, können dazu führen, dass Probleme und Belastungen von Familien nicht legitim erscheinen und die Eltern sich so noch stärker von ihrem Umfeld unverstanden fühlen. Dies wird dadurch verstärkt, dass der Autismus des Kindes nicht von außen sichtbar ist und viele schwierige Situationen auf Erziehungsfehler der Eltern zurückgeführt werden. Viele Eltern berichten davon, dass Familie und Freunde die Diagnose und genetische Disposition des Kindes anzweifeln. Hier wirken auch nach wie vor die Ideen der »Kühlschrank-Mütter« von Bruno Bettelheim, der 1972 die Idee verbreitete, autistische Kinder seien von ihren Müttern nicht genug geliebt worden (Bettelheim 1972). Auch wenn diese Theorie heute wissenschaftlich ausgeräumt ist, ist es wichtig, ihre Nachwirkung in der Gesellschaft wahrzunehmen und zu verstehen.

Die Alltagsbelastung der Eltern scheint nach Jungbauer und Meye (2008) stark durch die Frage der Selbständigkeit des autistischen Kindes beeinflusst. Ist ein Kind auf vielfältige Unterstützung angewiesen, ist eine ständige Beaufsichtigung bei reduziertem Gefahrenbewusstsein nötig und gibt es eventuelle Schwierigkeiten in der Gestaltung eines Tag-Nacht-Rhythmus, verstärkt sich die Belastung der Eltern. Die Mutter eines 6-jährigen Jungen äußerte im Interview: »Im Prinzip ist es diese ständige Beaufsichtigung, die sehr belastend ist, die mir keine Ruhe lässt. Du musst ständig überlegen und gucken, dieses Kind nur beobachten. Es kennt keine Gefahren. Man muss immer gucken, was er macht. Sind alle Türen zu, haben wir die Haustür abgeschlossen, sind die Griffe von den Fenstern auch ab? Und man muss ständig überlegen, was er sonst noch alles anstellen kann. Der erfindet ja Sachen, da denkt man gar nicht dran« (Jungbauer & Meye 2008, 525). Eine besondere Belastung ergab sich in den

Interviews der Forscher außerdem durch selbst- und fremdaggressives Verhalten, durch das die Eltern Hilflosigkeit und Ohnmachtsgefühle erlebten.

Neben der emotionalen Herausforderung stoßen Eltern autistischer Kinder häufig auf massive logistische Hürden. Nicht selten müssen Eltern weite Strecken zu therapeutischen Einrichtungen zurücklegen. Viele Eltern berichten von langen Wartezeiten auf einen Therapieplatz und individuelle Beratung. In diesen oft monatelangen Phasen der Ungewissheit fühlen sich die Eltern häufig ohnmächtig und alleingelassen. Da viele um die Bedeutung einer frühen Intervention wissen, haben Sie das Gefühl, dass die verstreichende Zeit nicht aufgeholt werden kann (Jungbauer & Meye 2008, 527). Zusätzliche Unterstützung von externen Hilfskräften wie selbstorganisierte Betreuungspersonen oder familienentlastende Dienste wird von Eltern mit autistischen Kindern als essenzielle Ressource betrachtet. Diese ermöglicht den Eltern wertvolle Auszeiten, in denen sie sich erholen können, anstehende Erledigungen machen, sich den Geschwisterkindern widmen oder Zeit mit dem Partner verbringen können.

Der Beginn einer autismusspezifischen Intervention wird von den Eltern in der Regel als bedeutender Fortschritt empfunden. Ergänzende Therapiemaßnahmen für das Kind werden ebenfalls als unterstützend wahrgenommen. Bereits die Gewissheit, dass ihr Kind professionelle und kompetente Unterstützung erhält, entlastet die Eltern erheblich und beeinflusst ihre allgemeine Perspektive positiv. Die Zufriedenheit der Eltern steigt mit der Intensität der Förderung und Betreuung ihres Kindes. Mit den Fortschritten des Kindes in der Therapie, seiner zunehmenden Selbstständigkeit und dem Erlernen grundlegender Alltagskompetenzen verringern sich auch die belastenden Aspekte der Betreuung für die Eltern. Die Möglichkeit, bestimmte Therapiemaßnahmen wie Physiotherapie oder Logopädie in einem heilpädagogischen Kindergarten oder in der Schule durchzuführen, wird von Eltern häufig als erleichternd empfunden, da der organisatorische Aufwand für zusätzliche Therapiesitzungen entfällt. Einrichtungen, die neben der Therapie für das betroffene Kind auch individuelle Hilfe und Beratung für die Angehörigen anbieten, können eine entscheidende Bewältigungsressource für die Eltern darstellen. Für viele Eltern ist außerdem der Kontakt zu anderen betroffenen Eltern wichtig. Durch den Austausch von Erfahrungen mit Müttern und Vätern von autistischen Kindern, die ähnliche Herausforderungen meistern müssen, erfahren sie sowohl emotionale als auch praktische Unterstützung. Dabei spielt die Weitergabe von wertvollen Informationen, beispielsweise über spezielle Therapieangebote, geeignete Institutionen, Ansprechpartner, Fachliteratur und den Umgang mit Behörden, eine entscheidende Rolle (528/ 529). Mündliche und schriftliche Informationsquellen zum Thema Autismus sowie zu entsprechenden Hilfemöglichkeiten werden von Eltern als äußerst hilfreich erachtet. Je besser informiert sich Eltern fühlen, desto mehr haben sie das Gefühl, nicht hilflos der Situation ausgeliefert zu sein und aktiv mit ihren Herausforderungen umgehen zu können.

Was Eltern autistischer Kinder als unterstützend empfinden

- Unterstützung und Entlastung im Alltag (z. B. zusätzliche Betreuungspersonen, familienentlastender Dienst)
- Start autismusspezifischer pädagogischer Hilfen
- Start zusätzlicher therapeutischer Angebote (z. B. Logopädie, Ergotherapie)
- Bei Therapien: Möglichkeit des Hausbesuchs oder Arbeit in Kindergarten/Schule
- Austauschmöglichkeiten mit anderen Eltern autistischer Kinder
- Weitergabe von Informationen zu Hintergründen und Unterstützungssystemen
- Wertschätzung gegenüber dem Kind und seinem Verhalten
- Wertschätzung der Expertise der Eltern mit ihrem Kind
- Unterstützung beim Erkennen kleiner Fortschritte und der Bildung realistischer Erwartungen

• Zugang zu Hilfen und Unterstützung erleichtern

Wenn autistische Kinder erwachsen werden, ergeben sich neue Themen und Herausforderungen. Im Übergang vom Kindes- zum Erwachsenenalter können die Unsicherheiten über die Zukunft den Familiendruck erhöhen. Die Herausforderungen bei diesem Übergang fielen in einer Studie nach Wong und Kollegen (2020) in fünf Bereiche: (a) tägliche Aktivitäten, Bildung oder Beschäftigung; (b) soziale Nähe und Freundschaften; (c) körperliche oder psychische Gesundheit; (d) Wohnsituation; und (e) Alltagsfertigkeiten. Mit dem Heranwachsen der Kinder fühlen sich Eltern häufig physisch stärker herausgefordert. Das »Kind« wird stärker, was für Eltern eine Schwierigkeit darstellt, wenn es Situationen gibt, in denen fremdaggressives Verhalten eine Rolle spielt und sie die physische Kontrolle über ihr Kind behalten müssen. Ein bedeutsames Ereignis, das Eltern und autistische Menschen in dieser Phase besonders fordert, ist der Übergang in den Beruf oder die Berufsausbildung. Die Gestaltung von Übergängen seitens pädagogischer und sonstiger Institutionen erscheint nach wie vor unzureichend. Schüler im Autismus-Spektrum benötigen oft eine längere Zeit, um sich an eine neue Umgebung anzupassen oder das Agieren in neuen Strukturen zu lernen. Hier spielt das Ineinandergreifen bei den Übergängen zwischen Institutionen (Schule, Ausbildung, Arbeit, Wohnen) eine besondere Rolle.

Außerdem ergeben sich Veränderungen in den sozialen oder gemeinschaftlichen Bedürfnissen der Heranwachsenden. Für viele ist dies ebenfalls die entscheidende Zeit für die erste Entwicklung romantischer Beziehungen. Mehrere Eltern berichteten in den Interviews von Wong und Kollegen (2020), dass sie das Gefühl hatten, das Sozialleben ihrer Kinder im Auge behalten zu müssen. In der neuen technologischen Ära unterscheidet sich das Kennenlernen eines neuen Freundes oder romantischen Partners von den Erfahrungen der Elterngeneration. Einige Eltern gaben an, sich an die neuen Wege anpassen zu müssen, auf denen ihre Kinder im Autismus-Spektrum online Freundschaften schlossen. Hierbei spielte auch der Schutz vor Mobbing oder sexuellen Übergriffen eine Rolle. Zieht das erwachsene Kind von zu Hause aus, sei es in die eigene Wohnung, eine Wohngruppe oder eine andere betreute Wohnform, stellt die neue Art der Kontaktgestaltung eine Herausforderung an beide Seiten dar. Die Beziehung zwischen Eltern und erwachsenem Kind muss oft neu definiert werden. Die Frage der Intensität und der Form des Kontakts sollte so organisiert werden, dass die neuen Strukturen mit dem Bedürfnis der autistischen Person übereinstimmen. Während neurotypische Menschen häufig einen großen Teil ihrer Verselbständigung und Ablösung von den Eltern schon während der Pubertät erledigt haben, ist das für autistische Menschen nicht immer der Fall.

Und noch ein Punkt zu Übergängen zwischen Lebensphasen: Eltern autistischer Kinder fühlen sich häufig stärker in der Verantwortung, weiter zu planen als nur für ihre eigene Lebensdauer. Wenn die Selbstständigkeit im Alltag oder in wirtschaftlicher Hinsicht nicht gesichert ist, fühlen sich Eltern oft dafür verantwortlich, ihrem autistischen Kind auch nach dem eigenen Ableben Sicherheit zu bieten. Hierzu gehören spezielle Regelungen zur Vorsorge, zur Erbschaft oder der Betreuung.

> **Reflexionsfrage:**
> Was haben Eltern autistischer Kinder oder Erwachsener von Ihnen wohl als besonders unterstützend wahrgenommen?

Zum Weiterlesen

Maus, Inez (2024): Familienbande bei Autismus. Wie Zusammenleben gelingen kann. Stuttgart: Kohlhammer Verlag.
Schirmer, Brita & Alexander, Tatjana (2015): Leben mit einem Kind im Autismus-Spektrum. Stuttgart: Kohlhammer Verlag
Wilken, Udo & Jeltsch-Schudel (2014): Elternarbeit und Behinderung. Empowerment – Inklusion – Wohlbefinden. Stuttgart: Kohlhammer Verlag.

Quellen

Bettelheim, B. (1972): The empty fortress. Autism and the birth of the self. New York: The Free Press.

Eapen, V., Karlov, L., John, J. R., Beneytez, C., Grimes, P. Z., Kang, Y. Q., Mardare, I., Minca, D. G., Voicu, L., Malek, K. A., Ramkumar, A., Stefanik, K., Gyori, M., & Volgyesi-Molnar, M. (2023): Quality of life in parents of autistic children: A transcultural perspective. *Frontiers in Psychology, 14,* 1022094–1022094. https://doi.org/10.3389/fpsyg.2023.1022094

Hirsch, K. H., & Paquin, J. D. (2019): »The Stress of the Situation has Changed us Both«: A Grounded Theory Analysis of the Romantic Relationship of Parents Raising Children with Autism. *Journal of Child and Family Studies, 28*(10), 2673–2689. https://doi.org/10.1007/s10826-019-01448-y

Jungbauer, J., & Meye, N. (2008): Belastungen und Unterstützungsbedarf von Eltern autistischer Kinder. *Praxis der Kinderpsychologie und Kinderpsychiatrie.* 57. 521–535. 10.13109/prkk.2008.57.7.521.

Maus, I. (2024): Familienbande bei Autismus. Wie Zusammenleben gelingen kann. Stuttgart: Kohlhammer Verlag.

Wong, V., Ruble, L., & Brown, L. (2020). »We are mama and papa bears«: A qualitative study of parents' adaptation process during transition to adulthood. *Research in Autism Spectrum Disorders, 79,* 101650–. https://doi.org/10.1016/j.rasd.2020.101650

2.3 Die Perspektive von Pädagoginnen und Pädagogen

Die Einstellungen und Empfindungen zum Thema Autismus und zu Kindern im Autismus-Spektrum beeinflussen nicht nur das Handeln von Pädagogen im Alltag, sondern auch den Zugang autistischer Kinder zu Kindergarten, Schule und Hort. Viele Lehrer und Erzieher äußern nach wie vor, dass sie zu wenig über Autismus wissen und sich im Umgang mit autistischen Kindern unsicher fühlen. Sind die Grundeinstellungen davon geprägt, dass Pädagogen eine unüberwindbare Überforderung vorausahnen, Autismus als ein Mysterium oder aber als eine Modediagnose empfinden, kann daraus Ablehnung resultieren. Ist ein Grundwissen da und die Begegnung mit dem autistischen Kind von Neugier und Interesse geprägt, ist der Grundstein dafür gelegt, dass Pädagogen und Kind sich langfristig miteinander wohl fühlen. Pädagogische Fachkräfte sind Schlüsselfiguren dafür, autistischen Kindern ein Umfeld zu schaffen, in denen diese sich aufhalten, lernen, entspannen, kommunizieren und sich sicher fühlen können. Um zum Beispiel den Schulalltag eines Kindes entsprechend anzupassen (Anforderungen, Routinen, Lehrstrategien, Pausenzeiten etc.), braucht es Wissen über das Erleben autistischer Kinder und einige methodische Kenntnisse. Ohne solche Anpassungen können sich autistische Schüler in Klassenzimmern, die unvorhersehbar und chaotisch erscheinen, hilflos fühlen und durch Lerninhalte, die für sie keine Bedeutung haben, frustriert werden. In der Tat kann ein Großteil des »herausfordernden Verhaltens« dieser Gruppe von Lernenden auf den Stress und die Angst zurückgeführt werden, die sie in unzureichend angepassten Umgebungen erleben. Es zeigt sich also schnell: Unwissen zum Thema Autismus kann zu negativen Erlebnissen führen und resultiert in der Konsequenz zu mehr Ablehnung durch das Umfeld.

Wie steht es aber tatsächlich um das Wissen und die Einstellungen von Lehrpersonen und Erziehern zum Thema »Autismus-Spektrum«? Jackie Ravet führte 2017 eine Studie mit Referendaren und deren Tutoren durch, in der sie diese zu ihrem Wissen und ihren Einstellungen zum Thema befragte. Alle Lehramtsstudenten und Tutoren stimmten eindeutig darin überein, dass Lehrkräfte Kenntnisse und Verständnis für Autismus benötigen, um das Verhalten der Lernenden zu verstehen und ihren Bedürfnissen gerecht zu werden (Ravet 2017, 721). Die Mehrheit der Tutoren hat während ihrer Tätigkeit Schüler im Autismus-Spektrum erlebt, was als wichtige Quelle für Wissen und Verständnis angesehen wurde. Im Gegensatz dazu hatten nur wenige Studierende (8 %) autistische Schüler erlebt. Generell äußerten Tutoren und Studierende Bedarf nach mehr Wissen. Während die meisten von ihnen ein grundlegendes Bewusstsein für das Wesen von Autismus hatten, änderte sich das Bild in Bezug auf das Wissen zu geeigneten Unterrichtsstrategien erheblich. Weit weniger Teilnehmer kannten die wichtigsten pädagogischen Strategien, die zur Unterstützung von Lernenden im Autismus-Spektrum eingesetzt werden können. Diejenigen, die sie kannten, erwähnten den Einsatz von Routinen, klarer Kommunikation und visueller Unterstützung. Sie wiesen darauf hin, wie wichtig es ist, einen »sicheren Hafen« für diejenigen zu schaffen, die das Klassenzimmer überwältigend finden. Auch das Ankündigen von Veränderungen wurde hier genannt ebenso wie die Bedeutung eines erregungsarmen Umfelds (Ravet 2017, 722).

Aus den Befragungen der Studierenden, die weniger Erfahrung mit dem Thema Autismus-Spektrum hatten, deuteten die folgenden zwei Aussagen besonders auf die enge Verbindung von Wissen, Emotionen und pädagogischem Handeln hin: »Um ehrlich zu sein, fühle ich mich [bei Kindern im Autismus-Spektrum] nicht wohl. Ich habe ein bisschen Angst, mich ihnen zu nähern« (Ravet 2017, 723). Die zweite Aussage war: »Aber wie soll ich sie unterrichten? Ich weiß nichts über die verschiedenen Bedürfnisse. Es ist beängstigend« (Ravet 2017, 723). Auf Seite der Studierenden wurde erwähnt, dass Autismus in der praktischen Ausbildung häufig nicht benannt werde, weil die Tutoren die Kinder mit dem medizinischen Begriff nicht stigmatisieren wollten. Dieser Gedanke lässt die Diskussion zu medizinischen Kategorien wieder aufleben: Ravet (2017, 726) weist darauf hin, dass medizinische Bezeichnungen wie Autismus einerseits nützlich seien, da sie wertvolle Informationen über mögliche Unterstützungswege für einen Lernenden liefern. Andererseits gebe es berechtigte Bedenken hinsichtlich möglicher negativer Erwartungen und Überzeugungen, die dadurch bei den Pädagogen entstehen können. Irene Gómez-Mari (2022) bestätigt in ihrer Übersichts-Studie diese Dynamik. Sie überprüfte sechzehn Studien im Hinblick auf die Einstellungen von Lehrpersonen zum Autismus-Spektrum. In der Mehrheit zeigten die Fachpersonen neutrale Einstellungen, allgemein positive Einstellungen fand sie nur bei fünf Studien. Teilweise fanden sich Zusammenhänge zwischen dem Wissen über Autismus und einer positiven Einstellung. Je mehr die

Fachpersonen über Autismus wussten, desto kritischer wurden sie in einzelnen Studien aber auch im Hinblick auf die Inklusion der Kinder. In einer Befragung von achtzehn Lehrkräften zu ihren pädagogischen Prinzipien im Umgang mit autistischen Lernenden ergaben sich einige Strategien, die als erfolgreich erachtet wurden.

> **Pädagogische Strategien, die Lehrkräften und autistischen Kindern Sicherheit vermitteln**
>
> 1. Verteilen von Spezial-Aufgaben
> 2. Sichtbarmachung von Stärken und Talenten des Kindes
> 3. Visuelle Hilfen im Alltag
> 4. Partner-Aktivitäten unterstützen
> 5. Unterstützung von Beziehungen zwischen einzelnen Kindern
> 6. Interesse an den Interessen des Kindes zeigen
> 7. Settings im Eins-zu-Eins ermöglichen
> 8. Sicherheit schaffen
> 9. Geduld üben

Hierbei zeigt sich, dass eine die autistischen Besonderheiten akzeptierende Haltung viele der Strategien prägt. Zur Verteilung von Spezial-Aufgaben gab eine Lehrerin das Beispiel, dass ihr autistischer Schüler morgens die Stühle von den Tischen herunternimmt und für alle Kinder zurechtstellt: »Da mein kleiner Engel im Moment sehr routiniert ist, gebe ich ihm die Möglichkeit, sich zu beteiligen und seine Fähigkeiten auf positive Weise einzusetzen. So hat er das Gefühl, dass ihm das Klassenzimmer gehört und er ein Teil davon ist« (Bolourian 2021, 3982). Zur Sichtbarmachung von Talenten gab eine Lehrerin an: »Sie aß ständig ihre eigenen Haare, schnitt sich die Haare ab und steckte sie sich in den Mund. Andere Kinder mochten das nicht. Aber sie erinnerte sich an den Geburtstag von allen in der Klasse. Sie hatte ein bemerkenswertes Gedächtnis. Also habe ich diese Fähigkeit sichtbar gemacht. Dann mochten die anderen Schüler sie mehr, obwohl sie sich jeden Tag Haare in den Mund steckte« (Bolourian 2021, 3982). Eine Strategie ist, dass die Lehrpersonen Interesse an den Spezialinteressen des autistischen Kindes zeigen und diese in den Unterricht und die gemeinsame Kommunikation einbinden und sichtbar machen: »Vor ein paar Jahren hatten wir einen Schüler, der von Thomas der Eisenbahn besessen war. Wir gaben ihm zur Belohnung Ausmalbilder von Thomas. Einmal gaben wir ihm ein großes Blatt Papier und sagten, er solle Thomas malen – einfach solche Kleinigkeiten... Wir haben ihn mit Legos Thomas bauen lassen. Wir haben ein riesiges Thomas-Ding gebaut, und er hatte es auf dem Fensterbrett. Er muss am Ende vierzig Thomas-Objekte gehabt haben. Es war wunderschön. Er hat es einfach geliebt. Er war fantastisch, und er hat es gezeigt« (Bolourian 2021, 3983). Mit solchen Mitteln wird Beziehungsarbeit geleistet und dem Kind Sicherheit und Wertschätzung vermittelt. Beide Seiten können Freude an der Interaktion miteinander entwickeln.

Diese kurze Übersicht zeigt, dass Menschen in pädagogischen Berufen Möglichkeiten benötigen, sich mit dem Thema Autismus-Spektrum auseinandersetzen und darüber zu lernen zu können. Dazu bedarf es auch spezialisierter Kolleginnen und Kollegen in Teams, die Souveränität vermitteln, positive Erfahrungen teilen und neugierig auf das Thema machen. Lehrpersonen und Erzieher im institutionellen Alltag benötigen für eine gelingende Inklusion Freiräume für pädagogisches Handeln, für Austausch, gemeinsames Beraten und Supervision, damit sie flexibel mit den Bedürfnissen der autistischen Kinder umgehen und auf ihre Interessen eingehen können.

Reflexionsfrage:
Welche der genannten Strategien wenden Sie bereits an? Welche möchten Sie mehr anwenden? Wo benötigen Sie noch mehr Wissen in Bezug auf Autismus?

Zum Weiterlesen

Autismus Deutschland e.V. (2016): Nachteilsausgleich für Schülerinnen und Schüler mit einer Autismus-Spektrum-Störung. Stellungnahme des wissenschaftlichen Beirats des Bundesverbands. Abrufbar unter https://www.autismus.de/fileadmin/RECHT_UND_GESELLSCHAFT/StellungnahmeNachteilsausleichApril2016.pdf

Gee Vero (2020): Das andere Kind in der Schule: Autismus im Klassenzimmer. Stuttgart: Kohlhammer Verlag.

Meer-Walter, Stephanie (2024): Schüler/innen im Autismus-Spektrum versehen. Praxishilfe zu autistischen Besonderheiten in Schule und Unterricht. Weinheim: Beltz Verlag.

Schuster, Nicole (2020): Schüler mit Autismus-Spektrum-Störungen: Eine Innen- und Außensicht mit praktischen Tipps für Lehrer, Psychologen und Eltern. Stuttgart: Kohlhammer Verlag.

Quellen

Bolourian, Y., Losh, A., Hamsho, N., Eisenhower, A., & Blacher, J. (2022): General Education Teachers' Perceptions of Autism, Inclusive Practices, and Relationship Building Strategies. *Journal of Autism and Developmental Disorders, 52*(9), 3977–3990. https://doi.org/10.1007/s10803-021-05266-4

Gómez-Marí, I., Sanz-Cervera, P., & Tárraga-Mínguez, R. (2022): Teachers' Attitudes toward Autism Spectrum Disorder: A Systematic Review. *Education Sciences, 12*(2), 138-. https://doi.org/10.3390/educsci12020138

Ravet, J. (2018): »But how do I teach them?«: Autism & Initial Teacher Education (ITE). *International Journal of Inclusive Education, 22*(7), 714–733. https://doi.org/10.1080/13603116.2017.1412505

Wissen auf den Punkt gebracht: Erkenntnisse und Empfehlungen

Erkenntnisse aus diesem Kapitel:

- Viele Verhaltensweisen autistischer Menschen helfen, Ordnung in den Alltag zu bekommen und Überforderung zu managen.
- Stimming ist für viele autistische Menschen ein wichtiges Instrument, um die Emotionen zu regulieren.
- Das Unterdrücken von Stimming hat negative Folgen für den autistischen Menschen und zieht sehr viel Energie.
- Spezialinteressen sind große Ressourcen für die pädagogische Arbeit und die Lebensqualität autistischer Menschen.
- Eltern autistischer Kinder verarbeiten die Diagnose in unterschiedlicher Weise.

Die wichtigsten pädagogischen Konsequenzen:

- Es ist wichtig, die verschiedenen Wahrnehmungs-Themen einer autistischen Person zu kennen und in der Gestaltung des gemeinsamen Settings zu berücksichtigen.
- Stimming sollte nicht abtrainiert werden. Seine Funktion sollte erkannt werden. Wenn das Stimming dysfunktional erscheint (z. B. zur Überstimulation führt oder selbstverletzend ist), kann es gemeinsam mit der betroffenen Person moduliert werden.
- Ein Ziel von Pädagogik und Therapie sollte sein, eventuelle Spezialinteressen der autistischen Person herauszufinden und diese zu integrieren und gemeinsam weiterzuentwickeln.
- Eltern autistischer Kinder sollten von Fachpersonen aus Pädagogik und Therapie als Experten ihres Kindes respektiert werden.

3 Sprachentwicklung und Autismus

David, 36 Monate, und Kira, sechs Jahre
Die Eltern von Kira und David sind vor acht Jahren aus Bulgarien nach Deutschland gekommen. Als David auf die Welt kam, konnte er noch nicht krabbeln, sitzen oder greifen. Aber er konnte schon hören. Er konnte die Stimmen seiner Eltern erkennen und er konnte erkennen, ob die Menschen um ihn herum die Sprache seiner Eltern oder eine andere Sprache sprachen. Gesichter, Stimmen und Sprachlaute waren von Anfang an das Interessanteste für David. Er liebte es, seinem Vater und seiner Mutter in die Augen zu schauen. Die guckten dann immer ganz verzückt und David freute sich auch! David hat schon viele Unterhaltungen geführt, noch bevor er sein erstes Wort sprach. Das waren Unterhaltungen aus Lauten, Glucksen, Blicken und Gesten. Als David das erste Wort sprach, merkte er schnell, dass sich die Großen sehr freuen. Und als er in der Krippe »me« für »mehr« und »nomma« für »nochmal« entdeckte, ergaben sich für ihn völlig neue Möglichkeiten. David liebt alle Tiere. Wenn er mit den Großen spazieren geht, zeigt er auf alles, was lebendig ist, und die Großen sagen dann Dinge wie »Ja, schau mal, ein Hund. Das ist aber ein großer Hund!«. Seine Eltern sprechen Bulgarisch mit David. In der Kita spricht er Deutsch. David saugt das alles auf. Er sagt: »Oma zwei Hunds« als eine ältere Frau mit zwei Terriern auf dem Kita-Ausflug des Weges kommt. »Ja, die Frau hat zwei Hunde!« meldet ihm seine Erzieherin zurück.

Seine ältere Schwester Kira spricht noch kaum. Ihre Eltern machen sich darüber große Sorgen. Kira plappert zwar manchmal Wörter vor sich hin, aber sie benutzt Sprache fast nicht zur Kommunikation. Manchmal singt sie einen ganzen Tag immer wieder ein und dasselbe Wort. In dieser Woche war es »Usedomer-Bäder-Bahn«, das Wort hatte ihre Oma einmal gesagt, als sie zu Besuch war. Wenn die Erzieherin sich zu ihr herunterbeugt, um Kira etwas zu erklären, läuft Kira weg. Beim Frühstück sagte sie gestern plötzlich zum Erzieher: »Magst Du noch Nudeln?«. In einem Elternforum wurde empfohlen, dass Kiras Eltern möglichst viel mit ihr sprechen sollen, damit Kira viel Sprache erlebt. »Das Gegenteil ist der Fall«, hat die Sprachtherapeutin später gesagt. »Nutzen Sie Schlüsselwörter! Mit zu viel Sprache ist Kira noch überfordert!« Kiras Eltern fragen sich nun, ob es auch zu viel für Kira ist, Bulgarisch und Deutsch zu lernen.

> **Reflexionsfrage:**
> Kira und David lernen Sprache auf unterschiedliche Weise. Was denken Sie, könnten die Unterschiede in den Lernmethoden der Kinder sein?

3.1 Wie das Kind zur Sprache kommt

Kinder in der Sprachentwicklung lassen uns staunen. Wie können sie aus sich selbst heraus Sprachen lernen, die uns Erwachsenen oft so schwierig und komplex erscheinen? Wie kommt es, dass manche Kinder sehr schnell Sprache erwerben und andere Unterstützung brauchen?

Um autistische Kinder in ihrer Sprachentwicklung zu unterstützen, ist es zunächst wichtig, dass wir verstehen, auf welche Weise Kinder im Allgemeinen Sprache erwerben.

Die Begriffe »entwickeln« und »erwerben« beschreiben tatsächlich das, was Kinder tun, wenn sie sprechen lernen. Sie sind von Anfang an aktiv. Babys und Kleinkinder ahmen nicht nur nach. Sie bringen uns dazu, ihnen das Input zu geben, das sie brauchen. Und

3 Sprachentwicklung und Autismus

sie bringen uns dazu, alles unendlich geduldig nochmal und nochmal zu wiederholen. Sie schaffen es, dass wir ihre Äußerungen und Lautierungen nachahmen. Und sie konstruieren sich selbst ein Sprachsystem mit den Regeln der Grammatik, der Aussprache und der Begriffe. Diese Regeln werden unablässig ausprobiert. Wenn etwas noch nicht stimmt, lauschen Kleinkinder genau auf unsere Rückmeldungen und verändern ihr Regelsystem.

Aber erstmal alles auf Anfang. Wie entwickeln Kinder Sprache?

Wir können die Sprachentwicklung von Kindern aus vier verschiedenen Perspektiven sehen: Als interaktiv, referenziell, konstruktiv und flexibel.

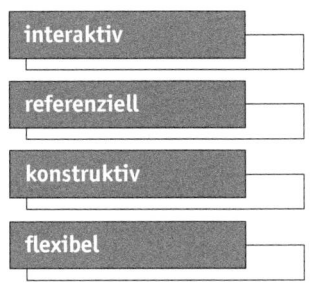

Die Betrachtung der kindlichen Sprachentwicklung durch diese vier Linsen hilft uns, Prozesse der Sprachentwicklung zu beschreiben und einzuschätzen. Sie hilft uns auch, Sprachentwicklung gezielt zu fördern.

Abb. 1: Sprachentwicklung: vier Perspektiven

Werfen wir einen Blick auf die interaktive Ebene:

Sprachentwicklung setzt eine Menge Interaktion voraus. Bereits Säuglinge orientieren sich vorzugsweise zu sozialen Reizen – das heißt: Sie interessieren sich besonders für andere Menschen, ihre Gesichter und ihre Stimmen. Das, was von anderen Menschen kommt, ist für das Baby am interessantesten. Die Stimmen der Eltern werden ab Geburt an wiedererkannt; denn diese wurden ja bereits im Mutterleib gehört. Diese natürliche Hinwendung zu allen sozialen Reizen ist der Motor dafür, dass sich das Baby und später das Kleinkind über Jahre so konzentriert damit befasst, Sprache zu lernen. Babys sorgen dafür, dass wir uns unablässig mit ihnen befassen.

3.1 Wie das Kind zur Sprache kommt

Der Umstand, dass wir Babys niedlich finden und uns über die Interaktion mit ihnen begeistern können, gibt uns als Erwachsenen ständige Impulse für den Kontakt zu ihnen. Wenn wir Säuglinge anschauen, »baden« wir im Blickkontakt. Dies bedeutet, dass Babys uns mit einer solchen Begeisterung in die Augen schauen können, dass wir den Blickkontakt immer wieder suchen. Wir selbst spiegeln den Gesichtsausdruck der Kinder – machen die Augen weit auf und schauen verzückt. Jeder kennt diese Interaktionen, die sogar im Bus mit fremden Babys und Kleinkindern über mehrere Meter Entfernung stattfinden können.

Präverbale Sprachentwicklung: Wichtige Begriffe

Präferenz:	Säuglinge zeigen eine Präferenz für soziale Reize. Sie wenden sich vorzugsweise Gesichtern, Stimmen und Sprachlauten zu. Diese sozialen Reize sind für neurotypische Säuglinge besonders interessant.
Blickkontakt:	Säuglinge suchen aktiv unseren Blickkontakt. Sie motivieren uns dadurch dazu, dass wir uns mit ihnen beschäftigen, und lernen dabei, wie wir Emotionen ausdrücken. Sie folgen unserem Blick und erfahren, worauf wir unsere Aufmerksamkeit richten.
Triangulärer Blickkontakt:	Der Blick des Kleinkindes bezieht den Blickkontakt zum Kommunikationspartner und das, worauf die gemeinsame Aufmerksamkeit gerichtet ist, ein (z. B. während der Beschäftigung mit einem Spielzeugauto). Man nennt dies auch die »geteilte Aufmerksamkeit«.

Zeigegeste:	Kleinkinder nutzen die Zeigegeste dafür, dass sie uns Dinge benennen lassen. So erfahren sie die Wörter für die Dinge, die in ihrem Fokus stehen. Sie folgen auch unserer Zeigegeste und erfahren so, was in unserem Fokus steht und was wir von uns aus benennen.
Kindgerichtete Sprache:	Wir passen unsere Sprache an die Bedürfnisse eines Säuglings oder Kleinkindes an. Eine lebendige Sprachmelodie, die hohe Stimme und viele Wiederholungen dienen dazu, dass das Kleinkind Sprache besser aufnehmen, filtern und analysieren kann.

Säuglinge verzaubern uns und sie eignen sich währenddessen eine Menge Kompetenzen der menschlichen Kommunikation an. Gabriele Haug-Schnabel und Joachim Bensel (2017) beschreiben die Sprachentwicklung als eine »lustvolle Kooperationsleistung«. Mit »lustvoll« ist die beidseitige Freude an der Interaktion miteinander gemeint. Kooperativ ist Sprachentwicklung, weil beide Seiten miteinander aktiv sind. Alles greift ineinander. Blicke, Worte und Gesten. Babys nehmen unsere Sprachlaute wahr und können sie von den Lauten anderer Sprachen unterscheiden. Sie beginnen zu lautieren und wir lautieren mit ihnen. Sie folgen uns mit dem Blick und lernen, was wir meinen, wenn wir »Hund« oder »Papa« sagen. Sie zeigen aktiv auf alles, was sich benennen lässt, und bringen uns so dazu, ihnen täglich viele neue Wörter zu sagen. Sie probieren auch selbst, Wörter zu sprechen, probieren es wieder und wieder, korrigieren sich und überprüfen, ob sie verstanden wurden. Kinder entwickeln Sprache also über Interesse, über Begeisterung und über bedeutungsvolle Interaktionen mit Anderen. Wir halten diese Punkte für die späteren Ideen zur Förderung fest. Der vorige Kasten gibt eine Übersicht über Grundbegriffe, die für die Sprachentwicklung wichtig sind, noch bevor Kinder erste Wörter sprechen.

3.1 Wie das Kind zur Sprache kommt

Werfen wir nun einen Blick auf die Sprachentwicklung als Entwicklung von Referenzen oder Repräsentationen:

Wir unterscheiden zwischen rezeptivem und expressivem Wortschatz. Im rezeptiven Wortschatz sind die Wörter, die ein Kind bereits versteht. Im expressiven Wortschatz sind die Wörter, die es spricht. Der rezeptive Wortschatz eines Menschen ist größer als sein aktiver Wortschatz und Kinder verstehen Wörter viel früher, als sie imstande sind, sie zu sprechen. Die ersten gesprochenen Wörter eines Kleinkindes bezeichnen sein unmittelbares Umfeld (Szagun 2019, 119). Das Kind produziert also Wörter, die es direkt erlebt und die es als bedeutsam empfindet. Dies können beispielsweise Namen (Mama, Papa, Matti) sein, Nomen (Auto, Bett), aber auch Funktionswörter wie »mehr«, »nochmal«. Gerade diese Begriffe haben für Kinder eine besondere Wichtigkeit, weil man sehr viel mit ihnen erreichen kann. Während ein Kind ein neues Wort lernt, erarbeitet es sich nicht nur den Wortlaut. Es lernt auch die komplexe Bedeutungsebene kennen.

Jeder Worteintrag, den wir lernen, besteht aus dem Wortlaut und dem Konzept.

Ein Kind muss ein Wort in verschiedenen Situationen ausprobieren, um ein differenziertes Konzept zu entwickeln.

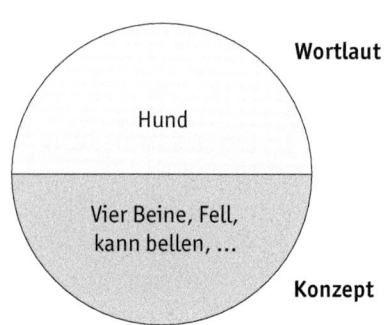

Abb. 2: Wortlaut und Konzeptebene

Wenn der kleine David die Begriffe »Hund« und »Katze« verwendet, lernt er, welche Merkmale die Klasse der Hunde ausmachen. Das ist bei einer Variation vom Schäferhund bis zum Mops gar nicht so offensichtlich, wie wir denken. Um diese komplexe Bedeutungsebene, die Semantik, auszubilden, braucht David sehr viele unterschiedliche Erfahrungen mit dem Wort und dem, was es bezeichnet. Anfangs bezeichnet das Wort »Hund« für David nur den Hund in seinem Bilderbuch. Wenn ein Wort nur ein bestimmtes Ding bezeichnet, wird es in der Linguistik als »Protowort« benannt. David ist ein geborener Sprachdetektiv und wird seine Eltern auf Spaziergängen auf alle Tiere hinweisen, von denen er meint, dass es sich um einen Hund handelt. Anfangs bezeichnet er alle Tiere mit Fell und vier Beinen als Hund. Die Eltern antworten beim Mops, beim Schäferhund und beim Dalmatiner: »Ja, guck, ein Hund!« oder ansonsten »Das ist eine Katze! Schau, die hat Schnurrhaare und macht Miau!«. So bildet David ein immer feineres Konzept von »Hund«. Wenn David in Zukunft »Hund« sagt, ist hiermit nicht mehr nur der Hund im eigenen Bilderbuch bezeichnet. »Hund« ist für David kein Protowort mehr, er hat eine abstrakte Konzeptebene zu dem Wortlaut entwickelt. Dieser Prozess brauchte viel Erfahrung mit dem Wort, der Sache, die es bezeichnet, und den Rückmeldungen seiner Eltern. David hat sich aktiv zum Wortlaut »Hund« die begriffliche Konzeptebene konstruiert.

Wir machen weiter mit der Idee, dass Sprachentwicklung konstruktiv ist:

Kinder konstruieren sich nicht nur den Wortschatz, sondern auch die Grammatik. David hat im zweiten Lebensjahr einen Wortschatz von ungefähr fünfzig Wörtern angesammelt. Diese bezeichnen alle Dinge, Personen, Aktionen oder Funktionsbegriffe, die etwas mit seinem direkten Alltag zu tun haben. Nun beginnt David, erste Wörter miteinander zu kombinieren. In der Linguistik spricht man hier von sogenannten »Zweiwortsätzen«. Davids Vater hat auf dem Spaziergang einen Hund gestreichelt. David sagte »Papa Hund!«. Zu Hause möchte er einen Keks und sagt »Mama Kiki!?«. An diesen beiden Zweiwortsätzen wird schnell deutlich, dass diese noch sehr stark an die Situation gebunden sind. »Papa Hund« könnte vieles bedeuten, von »Papa, ich will einen Hund haben« bis zu »Papa fasst den Hund an!«. Die Bedeutung wird aus dem Kontext der Situation deutlich. Auch hier bekommt David die Rückmeldung der Eltern: »Ja, schau! Papa streichelt den Hund!«. David ist, wenn es um das Hier und Jetzt geht, mit seiner Zweiwortebene schon sehr handlungsfähig. Durch die Rückmeldungen seiner Eltern und den Wunsch, sich genauer ausdrücken zu können, wird David nach und nach auch längere Sätze bilden. Währenddessen wird sich auch die Korrektheit der Grammatik »zurechtruckeln«. David wird lernen, dass er sich durch Satzstellung und die Kombination mehrerer Wörter genauer ausdrücken kann. Er wird besser verstanden und kann seine Sprachabsicht besser verwirklichen. David konstruiert sich die deutsche Grammatik, er lernt keine Sätze auswendig, sondern entwickelt eine flexible Sprache. Dass Kinder nicht gleich grammatisch korrekte Sätze sprechen, sondern zuerst eine größere Handlungsmacht dadurch erleben, dass sie Wörter kombinieren, werden wir in der Sprachanbahnung mit autistischen Menschen wieder in unseren Fokus nehmen.

Und damit haben wir auch die letzte Ebene:

Sprachentwicklung ist flexibel. Kinder lernen nicht einfach ein Wort nach dem anderen, sie machen komplexe Erkenntnisprozesse durch. Diese führen dazu, dass manchmal eine ganze Menge auf einmal passiert, und dann geht es wieder langsamer voran. Sprachentwicklung ist kein linearer Prozess, sondern dynamisch. Das gleiche gilt übrigens für die autistische Sprachentwicklung. Aber dazu mehr im nächsten Teil.

Zum Weiterlesen

Haug-Schnabel, Gabriele, & Bensel, Joachim (2017): Kindergarten heute. Wissen kompakt. Wie kommt das Kind zum Wort? Sprachentwicklung und -Förderung.

Szagun, Gisela (2916): Sprachentwicklung beim Kind. Ein Lehrbuch. Weinheim: Beltz Verlag.

Quellen

Haug-Schnabel, G., & Bensel, J. (2012): Sprachentwicklung – eine lustvolle Kooperationsleistung. In: Haug-Schnabel, Gabriele, & Bensel, Joachim: Kindergarten heute. Wissen kompakt.

3.2 Von Beginn an anders: Sprachentwicklung autistischer Kinder

Die Sprachentwicklung ist ein aktiver Prozess, der ständige Interaktion, eine besonders fokussierte Wahrnehmung sozialer Reize (Blicke, Laute, Wörter, Betonung, Gesten), das Verstehen von Handlungen und Interaktionen im Kontext und die Konstruktion eines Sprachsystems voraussetzt. Wir haben die Sprachentwicklung neurotypischer Kinder aus vier Perspektiven betrachtet: Sprache entwickelt sich in interaktiven, referenziellen, konstruktiven und flexiblen Prozessen. In allen Bereichen finden wir in der Entwicklung autistischer Kinder Besonderheiten, die diesen Kindern den Erwerb von Sprache erschweren können.

Wir werden im Folgenden die Erkenntnisse aus Kapitel 2 (▶ Kap. 2) und Kapitel 3 (▶ Kap. 3) zusammenführen und erkennen, wie sich die Wahrnehmungsbesonderheiten autistischer Kinder auf ihren Spracherwerb auswirken könnten. Natürlich zeigen nicht alle autistischen Kinder die gleichen Besonderheiten in der Sprachentwicklung und viele Prozesse können sehr unterschiedlich verlaufen.

> **Reflexionsfrage:**
> Was, denken Sie, ist bei der Sprachentwicklung vieler autistischer Kinder anders als bei neurotypischen Kindern? Welche Voraussetzungen der Wahrnehmung und der Aufmerksamkeit wirken sich wohl auf die Sprachentwicklung aus?

3.2 Von Beginn an anders: Sprachentwicklung autistischer Kinder

Es gibt einige Untersuchungen, die zeigen, dass viele autistische Kinder bereits sehr früh nicht so sehr auf soziale Reize (Gesichter, Sprache, mütterliche Stimme) orientiert sind (z. B. Lepistö et al. 2005). Wenn ein Säugling diesen automatischen Fokus auf zwischenmenschlichen Kontakt und Sprache nicht mitbringt, kann dies bedeuten, dass er in den ersten Monaten und Jahren weniger Übung im Verarbeiten von Sprachreizen erwirbt und weniger Interaktionserfahrung macht. Je mehr Erfahrungen ein Säugling mit Sprachlauten in Interaktionen sammelt, desto mehr lernt er, die Sprachlaute nicht mehr nur sensorisch wahrzunehmen, sondern über ihre Funktion zu abstrahieren. Über die Erfahrung erwirbt der Säugling Lautklassen und lernt, Muster im Gesprochenen zu erkennen. Je mehr das Kind Sprache durch diese inneren Konzepte filtern und verstehen kann, desto weniger wird ein Sprachangebot eine Reizüberflutung darstellen. Die Sprache, die der Säugling hört, entwickelt sich immer mehr von einer Masse an Einzelreizen zu einem sinnvollen Ganzen. Wenn ein autistisches Kind diese vielfältigen Hör- und Interaktionserfahrungen nicht macht, verbleibt es eventuell in vielen Situationen dabei, dass Sprache eine Masse an unzusammenhängenden sensorischen Einzelreizen ist. Schirmer und Alexander (2015, 99) geben in ihren Elterninterviews das Beispiel einer Mutter, die beschreibt, wie ihr Kind sie in dem Stadium, in dem andere Säuglinge ständigen Kontakt einfordern, meistens in Ruhe ließ. Erst viel später wurde ihr klar, dass ihr Kind in dieser Zeit viele Lernerfahrungen in Bezug auf die Sprachentwicklung nicht gemacht hat.

Donna Williams beschreibt in ihrem Buch »Autism and Sensing«, dass sie den Schritt von der sensorischen Welt zur Konzeptwelt verspätet erlebt hat: »Ich erinnere mich, dass mein Übergang vom System der Sensorik zum System der Interpretation nicht in den ersten Lebenstagen oder -wochen stattfand, sondern im Alter von etwa drei Jahren. Erst im Alter von etwa zehn Jahren habe ich mich schließlich auf das System der Interpretation verlassen können, anstatt es bloß zu ertragen oder auszublenden« (Williams 1989, 79, Übersetzung der Autorin). Abbildung 3 veranschaulicht den Prozess von der sensorischen Wahrnehmung zur Konzeptbildung. Diese Abbildung ist natürlich stark vereinfacht. Am Beispiel eines Apfels würde man auf der sensorischen Stufe eine Sammlung an Spürerfahrungen, die für sich stehen, wahrnehmen. Durch die Erfahrung mit diesen Spürinformationen lernen wir, zu interpretieren (den kann man essen, der ist lecker) und zu abstrahieren (das ist ein Apfel, der gehört zum Obst, es gibt sehr viele verschiedene Apfelsorten). Die erstaunliche Leistung, die wir auf dem Weg zur Abstraktion machen, ist, dass wir auf der konzeptuellen Ebene auch Äpfel erkennen, die sich von unserer typischen Erfahrung (rot, süß) entfernen (grün, sauer, faul etc.).

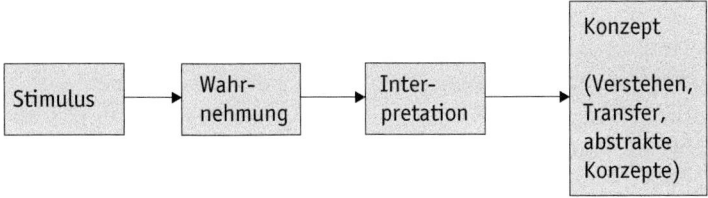

Abb. 3: Vom Reiz zum Konzept

Eine Konsequenz des Verbleibens in einem sensorischen Wahrnehmungsstadium kann sein, dass das Kind seine Sprachumwelt nicht in Bezug auf Begriffskonzepte und in Bezug auf inhaltliche Interaktionen (also das Sprechen »über« etwas) wahrnimmt. Wir erleben häufig autistische Kinder, die vor sich hin lautieren, ein »Kauderwelsch« sprechen (linguistisch kann man hier auch von einem »neologistischen Jargon« sprechen). In diesem Laut-Jargon stehen die Lautketten, die die Kinder bilden, nicht für einen Begriff. Donna Williams und Axel Brauns sprechen in ihren Biografien davon, dass die Erwachsenen »Geräusch machen« (Brauns 2002, 18) oder »Klangmuster« (Williams 1992, 19), wenn sie sprechen. Kira in unserem Beispiel am Anfang des Kapitels macht ebenfalls Geräusch. Sie findet dies angenehm oder hat verstanden, dass sie über das »Geräuschmachen« mit anderen in Kontakt kommen kann. Sie beginnt aber erst zu verstehen, dass jedes Lautmuster für einen Begriff steht.

3.2 Von Beginn an anders: Sprachentwicklung autistischer Kinder

Bei minimal-verbalen autistischen Kinder berichten Eltern häufig von einer Regression, also einem Verlieren von Schritten der Sprachentwicklung. Das Kind hat bereits einige Wörter gesprochen, diese aber wieder verloren. Eine solche Regression kommt nach aktuellen wissenschaftlichen Erkenntnissen bei 32 % der autistischen Kinder vor (Tan et al. 2021). Es gibt zur Regression der Sprachentwicklung verschiedene Theorien. Eine linguistische Theorie ist, dass die Kinder bei ihren ersten Wörtern auf Ebene der Protowörter verbleiben. Da das Kind mit diesen Protowörtern wenig bedeutsame Interaktionserfahrungen macht, differenziert sich die Konzeptebene nicht zu einem abstrakten Begriff (Clarke 2019). Das Kind konnte das Wort in seiner Bedeutung nicht generalisieren.

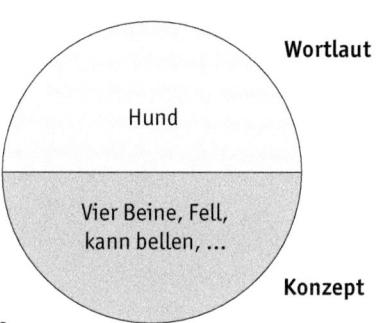

Wenn das Kind zu einem Wort keine differenzierte Konzeptebene ausbildet, bleibt das Wort ein Protowort.
Es speichert sich nicht dauerhaft ab und kann nicht flexibel benutzt werden.

Auch hier gilt: Das Kind muss das Wort in verschiedenen Situationen ausprobieren, um ein differenziertes Konzept zu entwickeln.

Abb. 4: Protowörter

Die meisten neurotypischen Kleinkinder analysieren Sprache, um sich Muster, Regeln und Konzepte abzuleiten. Vielen autistischen Kindern ist dies nicht in gleicher Weise möglich. Olga Bogdashina spricht in ihrem Buch zur Sprachentwicklung autistischer Kinder von zwei verschiedenen Stilen der Sprachwahrnehmung. Sie stellt dem analytischen Stil den ganzheitlichen Stil gegenüber (Bogdashina 2005, 44 ff). Während neurotypische Kleinkinder Sprache intuitiv im Hinblick auf Bedeutungskonzepte und Regeln analysieren, nutzen viele autistische Kinder die Strategie des Abspeicherns. Für manche Eltern ist, anlehnend an die Textverarbeitung am Computer, der Begriff einer »Copy+Paste-Sprache« verständlich. Kira merkt sich etwas Gehörtes und speichert dies in Bezug auf die Situation ab. Sie hat die Wortgrenzen nicht wahrgenommen und die Bedeutung der einzelnen Wörter nicht erfasst. Trotzdem ist dies ein großer Erfolg für Kira und ein erster Schritt in Richtung funktionaler Sprache. Sie analysiert noch nicht die Einzelteile, aber sie versteht, dass »etwas für etwas steht« – Wortlaut und eine erste Idee von Konzept. Mit dem Wiederholen ganzer Phrasen wird sie manchmal Erfolge haben. In anderen Fällen wird es nicht funktionieren. Wenn Kira beim Frühstück sagt »möchtestdunochnudeln?«, um noch ein Brötchen zu bekommen, könnte die Erzieherin antworten: »Aber das sind doch keine Nudeln, Kira!«. Kita hat mit dieser Strategie weniger Chancen, das Gelernte zu differenzieren und positive kommunikative Erfahrungen damit zu machen. Eine andere, neurologisch orientierte Theorie für die Regression ist die des »Overprunings« (Thomas et al., 2016). Während der Entwicklung des Gehirns im zweiten Lebensjahr werden normalerweise unnötige neuronale Verbindungen abgebaut, um die wichtigen Verbindungen zu stärken. Bei autistischen Kindern wird nach dieser Theorie jedoch zu viel und an den falschen Stellen abgebaut. Dies führt zu einer Überreduktion der Verbindungen. Das nennt man »Overpruning«, und es kann Auswirkungen auf die weitere Entwicklung haben. Eltern berichten von sehr unterschiedlichen Fortschritten ihrer Kinder nach dieser Regression. Manche Kinder entwickeln im Anschluss recht schnell weitere Kompetenzen in der Kommunikation, andere benötigen mehr Zeit und Unterstützung, um die nächsten Entwicklungsschritte zu erreichen.

Viele autistische Kinder erleben beim Wortlernen eine weitere Hürde. Wenn Kinder das Verständnis und den Gebrauch der Zeigegeste erworben haben, bedeutet das zweierlei für den Wortschatzerwerb. David kann der Zeigegeste seiner Eltern folgen, wenn diese etwas bezeichnen, und lernt dabei Wörter und Konzepte. Sobald

David die Zeigegeste selbst anwenden konnte, zeigte er auf alles, was in seinem Fokus war. Die Eltern benannten dies. David lernte hier besonders die Wörter, die in seinem Interesse standen. Für das Verstehen der Zeigegeste benötigt ein Kind ein abstraktes Verständnis für Gesten und muss sich in die Perspektive einer anderen Person hineinversetzen können (Theory of Mind). Für viele autistische Kleinkinder erfolgt der Erwerb der Zeigegeste nicht automatisch und intuitiv. Ihnen fehlt dann ein wichtiger Motor der Wortschatzentwicklung. Außerdem fällt es vielen autistischen Kindern schwer, schnell mit der Aufmerksamkeit aus ihrem Fokus in den Fokus einer anderen Person zu wechseln (Akechi et al., 2012). Nun ist es aber so, dass ein Großteil der Dinge, die wir als Erwachsene benennen, nicht im Fokus des Kindes, sondern in unserem Fokus steht. Für neurotypische Kleinkinder ist das in aller Regel kein Problem. Für autistische Kleinkinder in vielen Fällen schon. Ein sehr deutliches Zeigen durch den Erwachsenen (mit dem Finger an der Sache statt aus der Distanz) kann das Kind bereits unterstützen (Akechi et al., 2012). Ebenso ist es förderlich, besonders Dinge zu benennen (und zwar mit Schlüsselwörtern statt mit einem Redeschwall), die gerade im Fokus des autistischen Kindes stehen.

Wie haben im vorigen Kapitel festgestellt, dass neurotypische Kleinkinder oft »geborene Sprachdetektive« sind. Auf viele autistische Kinder trifft dies nicht zu. Sie können aber trotzdem Sprechen oder auf andere Weise kommunizieren lernen. Wichtig dafür sind das passende Input und die individuelle Vermittlungsstrategie.

Zum Weiterlesen

Bogdashina, Olga (2004): Communication Issues in Autism and Asperger: Do we speak the same Language? London: Jessica Kingsley.
Eberhardt-Juchem, Melanie (2023): Sprach- und Kommunikationsentwicklung bei Autismus einschließlich Besonderheiten der Sprache und Kommunikation bei Autismus. In: Lindmeier, Christian, Sallat, Stephan & Ehrenberg,

Katrin: Sprache und Kommunikation bei Autismus. S. 19–34. Stuttgart: Kohlhammer Verlag.

Quellen

Akechi, H., Kikuchi, Y., Tojo, Y. et al. Brief Report: Pointing Cues Facilitate Word Learning in Children with Autism Spectrum Disorder. *J Autism Dev Disord* 43, 230–235 (2013). https://doi.org/10.1007/s10803-012-1555-3

Bogdashina, O. (2004): Communication Issues in Autism and Asperger: Do we speak the same Language? London: Jessica Kingsley.

Brauns, A. (2002): Buntschatten und Fledermäuse. Mein Leben in einer anderen Welt. München: Goldmann Verlag.

Clarke, K. A. (2019): A review of language regression in autism spectrum disorder and the role of language theories: Towards explanation. *Autism & Developmental Language Impairments*, 4. https://doi.org/10.1177/2396941519889227

Lepistö T, Kujala T, Vanhala R, Alku P, Huotilainen M, & Näätänen R.: The discrimination of and orienting to speech and non-speech sounds in children with autism. *Brain Res.* 2005 Dec 20;1066(1-2):147-57. doi: 10.1016/j.brainres.2005.10.052. Epub 2005 Dec 1. PMID: 16325159.

Schirmer, B., & Alexander, T. (2015): Leben mit einem Kind im Autismus-Spektrum. Stuttgart: Kohlhammer Verlag.

Tan, C., Frewer, V., Cox, G., Williams, K., & Ure, A. (2021): Prevalence and Age of Onset of Regression in Children with Autism Spectrum Disorder: A Systematic Review and Meta-analytical Update. *Autism Research*, *14*(3), 582–598. https://doi.org/10.1002/aur.2463

Thomas, M. S. C., Davis, R., Karmiloff-Smith, A., Knowland, V. C. P., & Charman, T. (2016): The over- pruning hypothesis of autism. *Developmental Science*, *19*(2), 284–305

Williams, D. (1998): Autism and Sensing. The unlost instinct. London: Jessica Kingsley.

Williams, D. (1992): Ich könnte verschwinden, wenn du mich berührst. Erinnerungen an eine autistische Kindheit. Hamburg: Hoffmann und Campe Verlag.

3.3 Echolalien – eine ganz besondere Ressource

Bei vielen autistischen Kindern können wir im Laufe ihrer Sprachentwicklung Echolalien beobachten. Echolalie bedeutet, dass ein Mensch Worte oder Phrasen wiederholt verwendet, die zuvor gehört wurden. Es gibt dabei zwei grundlegende Formen: direkte Echolalien, bei denen die Wiederholung unmittelbar nach dem Gehörten erfolgt, und verzögerte Echolalien, bei denen die Wiederholung zeitversetzt auftritt. In Pädagogik und Therapie werden Echolalien häufig als charakteristisches Merkmal der Sprachentwicklung im Autismus-Spektrum genannt.

> **Reflexionsfrage:**
> Wo und in welcher Form haben Sie bei autistischen Personen bereits Echolalien erlebt? Wie stehen Sie zu Echolalien? Konnten Sie nachvollziehen, warum die Person Echolalien produziert?

Früher neigte die Fachwelt dazu, Echolalien als lästiges Symptom zu betrachten, und man versuchte in Therapie und Pädagogik sie zu vermindern. Man sorgte sich, dass die Sprachentwicklung des autistischen Kindes durch die Echolalien blockiert werden könnte. Heute hat sich jedoch das Verständnis für dieses Phänomen verändert und vertieft. Statt Echolalien als Symptom oder gar als Problem zu betrachten, erkennen wir die Ressourcen, die Echolalien autistischen Kindern bieten. Sally Ryan und Kolleginnen (2022) haben 28 Studien zu Echolalien untersucht und unterstützen diese ressourcenorientierte Betrachtung. Echolalien dienen häufig als Strategie verbaler Teilhabe. Donna Williams illustriert dies in ihrer Biografie wie folgt: »Meine Sprachentwicklung wurde zum großen Teil durch die Wiederholung einer Schallplatte mit Geschichten und durch Werbespots im Fernsehen vorangetrieben. Wenn ich später Sätze wiederholte, geschah das nur, weil ich spürte, dass irgendeine Antwort aus Geräuschen erforderlich war. Spiegeln war, wie das Zusammenlegen von zueinander passenden Gegenständen, meine Art zu sagen: ›Sieh nur, ich kann eine Beziehung zu Dir herstellen! Ich kann das Geräusch auch machen!‹ Wenn Kinder mit Echolalien sich oft besser entwickeln, dann liegt das daran, dass sie auf ihre Art verzweifelt versuchen, sich anderen zu nähern, und zu zeigen, dass sie eine Beziehung herstellen können, wenn auch nur als Spiegel« (Williams 1995, 292).

Dass Echoalien eine Ressource darstellen, wird auch aus der Analyse der verschiedenen Funktionen von Echolalien erkennbar. Im folgenden Kasten findet sich eine Auswahl möglicher Funktionen.

Mögliche Funktionen von Echolalien

- Soziale Teilhabe/Herstellung von Interaktion
- Signalisierung von Zustimmung
- Bedürfnisäußerung/Wunschäußerung
- Aussagenwiederholung, um den eigenen Verstehensprozess zu unterstützen
- Aussagewiederholung, um Zeit im Interaktionsprozess zu gewinnen
- Selbstregulation
- Selbststimulation

(vgl. Prizant & Duchan, 1981 sowie Ryan et al., 2022)

Aus dieser Auflistung wird schnell klar, dass jede dieser Funktionen eine Komponente beinhaltet, die für die Entwicklung positiv ist. Werden Echolalien genutzt, um die eigenen Emotionen zu regulieren, heißt dies, dass der autistische Mensch eine verbale Strategie gefunden hat, anstatt auf körperliche Strategien zurückzugreifen. Diese könnten in besonderen Momenten bis zur Selbstverletzung gehen. Im Fall der selbstregulierenden Funktion sollte das Umfeld der autistischen Person ihre Echolalien als Signal wahrnehmen, dass

3.3 Echolalien – eine ganz besondere Ressource

die Person gerade unter Stress gerät. Zu viele Reize, eine zu hohe Anforderung oder ähnliche Überforderungen können dann vermindert oder angepasst werden. Die Funktion der verbalen Selbststimulation, auch »Stimming« genannt (▶ Kap. 2.1), wurde in der Pädagogik lange als negativ bewertet. Man argumentierte damit, dass Selbststimulation ja keine Funktion sei. Olga Bogdashina (2005, 177) nennt Echolalien, die ein autistischer Mensch äußert, weil er sie als stimulierend empfindet, auch »sensorisch-linguistische Spielzeuge«. Kira aus dem Beispiel am Anfang entdeckt ein solches Spielzeug in dem Wort »Usedomer Bäderbahn«. Dieses Wort äußert sie wieder und wieder. Sie wirkt dabei glücklich und scheint die Rhythmik und die Abfolge der Konsonanten gern zu spüren. In der Sprachtherapie mit Kira wurde ihr Verhalten als Ressource gewertet. Therapeutisch folgte im nächsten Schritt die Entwicklung weiterer solcher Wort-Spielzeuge. Hierdurch erlebte sie ein gesteigertes Interesse an Sprache und erfreut sich am Nachsprechen. Kira und ihre Logopädin begannen, mit Sprache zu spielen. Dies kann im Anschluss für den Aufbau funktionaler Sprache genutzt werden. Wenn Kinder im Autismus-Spektrum stimulative Echolalien nutzen, bedeutet dies eine Hinwendung zu Sprachlauten. Diese steht der Sprachentwicklung nicht im Wege, sondern stellt einen wichtigen Baustein auf dem Weg zur funktionalen Sprache da.

Kira sagt in der Schulcafeteria zur Erzieherin: »Magst Du noch Nudeln?«, obwohl es gerade Frühstück gibt und sie diejenige ist, die mehr davon möchte. Kira hat sich in der Vergangenheit einmal gemerkt, dass ihr diese Frage gestellt wurde und sie danach noch mehr bekam. Sie hat sich den gesamten Satz gespeichert, ohne ihn zu analysieren. »Möchtestdunochnudeln?« wird bei Kira zu einem Wort für »mehr«. Aufbauend auf unsere Erkenntnisse zur Sprachentwicklung autistischer Kinder können wir sagen, dass Echolalien in Verbindung zur ganzheitlichen Sprachwahrnehmung stehen. Autistische Kinder nutzen hier eine Speicherstrategie, um Gesagtes zu wiederholen. Die wiederholte Phrase wurde aber nicht oder nur teilweise analysiert. Am Beispiel dieses Satzes erkennen wir auch, dass Kira das Personalpronomen »Du« nicht entsprechend ihrer eigenen Perspektive zu »Ich« verändert hat.

> **Pronominalumkehr bei Autismus**
> Häufig wird in allgemeinen Berichten, aber auch in Fachtexten »Pronominalumkehr« als ein Symptom autistischer Sprachentwicklung benannt. Im Kontext der Echolalien sollten wir bedenken, dass das Kind hier die Personalpronomen gerade nicht »umkehrt«, sondern aus dem Gehörten beibehält. Eine Umkehr wäre ein aktiver Prozess, der das Personalpronomen an die eigene Perspektive anpasst (»Ich möchte noch...« statt »Möchtest Du noch...«).
> »Möchtest Du noch Nudeln?« = »möchtestdunochnudeln«
> Das Kind kopiert den ganzen Satz ohne Analyse als ein Wort. Das Personalpronomen im Satz wird nicht erkannt und daher auch nicht verändert und angepasst.

Wir können Echolalien für die Sprachförderung autistischer Kinder nutzen. Dazu sollte die Bezugsperson ihr Sprachniveau vermindern. Dies bedeutet, dass sie kürzere Sätze spricht oder eigentlich nur Schlüsselwörter benutzt. Werden kurze Äußerungen angeboten, die aus einem oder zwei Wörtern bestehen, kann das autistische Kind besser analysieren und ein differenziertes Konzept zum Wortlaut aufbauen. Aufgabe in der Sprachförderung ist also, der autistischen Person »verdaubare« Spracheinheiten zu bieten, die in direktem Zusammenhang mit dem stehen, was für das Kind bedeutsam erscheint. Es geht also darum, Echolalien zu nutzen, indem sie auf die Einwortebene reduziert, moduliert und in einen kommunikativen Kontext gestellt werden.

Die Einsicht, dass Echolalien eine vielfältige Ressource darstellen, eröffnet neue Wege in der Sprachförderung mit autistischen Menschen. Die Wissenschaftlerin Fan Xie und ihre Kolleginnen (2023) bestätigen, dass Echolalien in Forschung und Förderung eine höhere Aufmerksamkeit als Ressource geschenkt werden sollte. Wenn autistische Kinder hinsichtlich ihrer Sprachentwicklung untersucht werden, sollte eine genaue Analyse der möglichen Funktionen der vom Kind geäußerten Echolalien erfolgen. Strategien der Sprachförderung sollten darauf abzielen, die positiven Aspekte der Echolalien zu erkennen und zu nutzen, um die Sprachentwicklung und die soziale Teilhabe zu fördern.

Quellen

Ryan, S., Roberts, J., & Beamish, W. (2022): Echolalia in Autism: A Scoping Review. *International Journal of Disability, Development, and Education*, ahead-of-print(ahead-of-print), 1–16. https://doi.org/10.1080/1034912X.2022.2154324

Prizant BM, & Duchan JF.: The functions of immediate echolalia in autistic children. *J Speech Hear Disord.* 1981 Aug; 46(3):241–9. doi: 10.1044/jshd.4603.241. PMID: 7278167.

Williams, D. (1992): Ich könnte verschwinden, wenn du mich berührst. Erinnerungen an eine autistische Kindheit. Hamburg: Hoffmann und Campe Verlag.

Xie, F., Pascual, E., & Oakley, T. (2023): Functional echolalia in autism speech: Verbal formulae and repeated prior utterances as communicative and cognitive strategies. *Frontiers in Psychology*, 14, 1010615–1010615. https://doi.org/10.3389/fpsyg.2023.1010615

3.4 Sprachverständnis

Das Sprachverständnis eines Menschen ist eine komplexe Kompetenz, die viele verschiedene Einzelleistungen beinhaltet. Im Alltag müssen diese zusammenwirken, damit wir andere Personen in Unterhaltungen gut verstehen und darauf reagieren können. Beispielhafte Einzelleistungen sind die Erkennung von Lauten, die Kenntnis von Wörtern und ihrer Bedeutungen, die Beherrschung grammatischer Regeln, das Verständnis von Satzstrukturen, die Interpretation von Bedeutungen im Kontext, die Fähigkeit zur sozialen Anwendung von Sprache und die Reflexion über den eigenen Verständnisprozess. Wir müssen also viel können, um Sprache zu verstehen. Der folgende Kasten gibt eine Übersicht über diese Einzelleistungen. Die Liste ist nicht abschließend, sondern gibt einen Eindruck der Komplexität des Themas. Sie soll dabei helfen, das Konzept »Sprachverständnis« strukturiert zu beobachten und zu beschreiben.

> **Komponenten des Sprachverständnisses**
>
> - **Laut-zu-Wort-Erkennen:** Verarbeitung von Lauten zu Wörtern: Fähigkeit, Laute zu erkennen, zu unterscheiden. Lautketten als Wörter erkennen und wissen, dass diese für einen Inhalt stehen
> - **Wortschatz:** Kenntnis der gesprochenen Worte, deren Bedeutungen und die Fähigkeit, sie in unterschiedlichen Kontexten anzuwenden.
> - **Grammatik:** Fähigkeit, die Struktur von Sätzen zu verstehen
> - **Pragmatisches Verständnis:** Fähigkeit, sprachliche Äußerungen im sozialen Kontext zu interpretieren. Pragmatisches Verständnis ermöglicht es, zwischen den Zeilen zu lesen, konventionelle Bedeutungen zu erkennen, Ironie zu erkennen und die beabsichtigte Bedeutung hinter einer Äußerung zu verstehen. Das Verständnis von sprachlichen Äußerungen erfordert oft die Berücksichtigung des Kontextes, in dem sie auftreten. Dies kann situative, kulturelle oder soziale Elemente einschließen.
> - **Diskurskompetenz:** Dies bezieht sich auf die Fähigkeit, längere Abschnitte oder Gespräche zu verstehen, indem man die Beziehung zwischen verschiedenen Sätzen und Ideen erkennt. Es umfasst auch die Fähigkeit, den roten Faden eines Textes oder einer Unterhaltung zu verfolgen.
> - **Metakognitive Fähigkeiten:** Fähigkeit zur Selbstreflexion und zum Überwachen des eigenen Sprachverständnisses. Dies

> umfasst die Fähigkeit, Schwierigkeiten zu erkennen und Strategien zur Verbesserung des Verständnisses anzuwenden.

Kinder mit Sprachverständnisproblemen erleben oft Unsicherheiten im Alltag. Dies kann sie sehr belasten. Sie fühlen sich überfordert im Dialog mit Erwachsenen oder anderen Kindern, können Aufträge oder Anweisungen in der Schule und im Kindergarten nicht umsetzen und fühlen sich eventuell desorientiert, da sie verbal gegebene Information nicht mitbekommen. Häufig verstehen sie nicht, warum die Erwachsenen plötzlich mit ihnen schimpfen. Viele Kinder mit Schwierigkeiten im Sprachverständnis müssen erst darin gestärkt werden, über ihr eigenes Sprechen und Verstehen nachzudenken. Das nennt man auch »metakognitive Fähigkeiten«. Diese Fähigkeiten beinhalten das Erkennen, dass ich etwas vielleicht nicht ganz oder nicht richtig verstanden habe. Ich kann dann nachfragen oder rückmelden, was ich verstanden habe. Kinder mit Schwierigkeiten im Sprachverständnis fallen häufig nicht durch ständiges Nachfragen, sondern durch ihr Verhalten auf. Dies kann aggressives Verhalten aufgrund von Frustration sein. Möglich sind auch Rückzug, ein ständiges sozial erwünschtes Lächeln und Nicken. Ein Kind, das lächelt und nickt, macht den Eindruck, dass es verstanden hat. Außerdem zeigen Kinder mit Schwierigkeiten im Sprachverständnis oft fehlende oder falsche Reaktionen auf verbale Ansagen (dies fällt besonders in Schule und Kindergarten auf). Wenn Lisas Lehrerin im Sportunterricht den Kindern aufträgt, dass alle ihre Turnmatten holen, Lisa aber aufgrund ihrer sensorischen Empfindlichkeit einen kleinen Teppich hat, kann es sein, dass sie den Auftrag nicht als für sich geltend versteht. Wenn Hans von seinem Lehrer nach dem Kunstunterricht gebeten wird, alle seine Materialien wegzuräumen und die Hälfte liegen lässt, hat er vielleicht sein Eigentum weggeräumt und die Schulmaterialien nicht als Teil des Auftrages verstanden. Gerade bei autistischen Menschen, die Sprache im Alltag funktional anwenden, wird dieses Verhalten oft nicht korrekt interpretiert. Wenn Hans betont: »Aber Sie haben doch gesagt, alle

MEINE Sachen. Diese gehören mir nicht!«, kann es sogar sein, dass sein Lehrer dies als Provokation versteht. Aus den beiden Beispielen wird schnell klar, dass autistische Kinder mit Schwierigkeiten des Sprachverständnisses im Alltag häufig Missverständnisse erleben und starke emotionale Reaktionen von Eltern oder pädagogischen Fachkräften aushalten müssen. Dies steigert die Überforderung. In beiden gerade beschriebenen Fällen haben wir es mit einem wortwörtlichen Verstehen zu tun. Die Konzeptebene der Wörter ist bei Hans und Lisa eventuell nicht flexibel genug ausgebildet, um die Wörter flexibel auf andere Dinge zu beziehen. Dies heißt, dass die Kinder die Bedeutungen von »Matte« oder »deine Sachen« nicht im Sinne des Kontextes der jeweiligen Situation verstehen können.

Mieke Sagrauske und Carina Schipp (2023, 46 ff.) haben erwachsene autistische Menschen dazu befragt, wo sie Schwierigkeiten in sprachlichen Alltagssituationen erleben. Diese gaben an, unter anderem Schwierigkeiten im Verstehen nonverbaler Signale zu haben. Das Verstehen und Verarbeiten dieser Signale sei häufig mit Anstrengung verbunden, da es bewusst gelernt und angewendet werden müsse.

Komponenten nonverbaler Kommunikation

- Gestik
- Haltung
- Bewegungen
- Mimik
- Augenbewegungen
- Blickkontakt
- Berührungen
- Stimmlage/Tonfall
- Räumliche Distanz zueinander
- Kleidung und Erscheinungsbild

3.4 Sprachverständnis

In der Kommunikation mit neurotypischen Menschen wünschen sich die Interviewpartner der Autorinnen mehr Direktheit. »Man soll sagen, was man meint. Das würde mir unheimlich helfen« (Sagrauske & Schipp 2023, 58). Ehrlichkeit und Authentizität seien besser und einfacher zu verstehen, als wenn jemand indirekt kommuniziere oder Beschönigungen verwende. Im eigenen Verhalten wurde als hilfreich erfahren, selbst nachzufragen, wie etwas gemeint sei.

Um zu überprüfen, ob man das Gesagte richtig verstanden hat, kann das Kommunikationsmodell nach Schulz von Thun (1981) hilfreich sein. Die Grundidee dieses Modells ist, dass bei einem gesagten Inhalt immer verschiedene Botschaften mitschwingen können. Autistischen Menschen kann die Kenntnis, dass jemand manchmal etwas anderes meint, als er sagt, dabei helfen, nachzufragen. Menschen in pädagogischen Berufen kann die Kenntnis des Modells helfen, eigene Aussagen auf ihre Direktheit zu überprüfen. Eine beispielhafte Frage an mich selbst als Pädagogin kann sein: Drücke ich einen Wunsch an eine Person direkt oder indirekt aus? Möchte ein Lehrer, dass sein Schüler seine Malsachen zusammenräumt, kann er dies auf verschiedene Weise ausdrücken. Er könnte auf die Uhr zeigen und sagen »Es sind nur noch fünf Minuten bis zur Pause.« Dies könnte sein autistischer Schüler als reine Sachinformation verstehen. Wenn der Lehrer den Appell direkt formuliert: »Bitte räume jetzt Deinen Malkasten in Dein Fach und hänge die Blätter an die Leine«, wird es für seinen Schüler klarer.

> **Das Kommunikationsquadrat nach Friedemann Schulz von Thun (1981)**
> Das Modell verdeutlicht, dass Kommunikation mehrdimensional ist und Botschaften auf verschiedenen Ebenen interpretiert werden können. Es betont die Notwendigkeit einer bewussten und klaren Kommunikation, um Missverständnisse zu vermeiden und eine effektive zwischenmenschliche Interaktion zu ermöglichen.

Jede kommunikative Äußerung beinhaltet nach Schulz von Thun vier mögliche Seiten einer Botschaft:

- **Sachseite:** Die reine Information oder der Sachinhalt der Botschaft.
- **Selbstkundgabe:** Was der Sender über sich selbst mitteilen möchte.
- **Beziehungsebene:** Wie der Sender die Beziehung zum Empfänger gestaltet oder verändert.
- **Appell:** Die beabsichtigte Handlungsaufforderung an den Empfänger.

Reflexionsfrage:
Wann haben Sie schon mal erlebt, dass Ihre Worte falsch verstanden wurden? Wann haben Sie etwas anders verstanden, als es gemeint war? Was wünschen Sie sich für eine bessere Kommunikation mit anderen?

Als Manuela in der Schulcafeteria an der Schlange vorbei nach vorn geht, sagt ihre Lehrerin: »Manuela, da sind auch noch andere Kinder!«. Während ihre Lehrerin diese Aussage als Appell meinte (im Sinne von: »Stell Dich bitte hinten an!«), versteht Manuela die übertragene Bedeutung nicht. Es könnte sein, dass sie dies als reine Sachinformation aufnimmt und antwortet: »Ja, stimmt«. Versteht ihre Lehrerin nicht, dass Manuela auf dem Sach-Ohr gehört hat und entsprechend reagiert, könnte sie glauben, dass die Jugendliche mit ihrer Antwort frech sein wolle. Für Manuela wäre es klarer, wenn die Lehrerin sagte: »Schau, alle Kinder hier stehen hintereinander an und warten, bis sie dran sind. Stell Dich bitte hinten an. Stell Dich hinter Carmen.« Damit hätte die Lehrerin ihren Appell nicht in einer Sach-Aussage versteckt, sondern klar als Aufforderung erkennbar formuliert. Ihre Aufforderung enthält außerdem die klare Angabe, wo Manuela sich hinstellen soll. Hätte sie gesagt »ans Ende der Schlange«, könnte Manuela hier im wörtlichen Sinne eine Schlange in der Cafeteria vermuten. Die Kollegin kann diese Form natürlich gebrauchen, wenn sie mit Manuela geklärt hat, was eine »Schlange« im Kontext der Cafeteria ist. Damit sind wir bei einem weiteren sprachlichen Aspekt, der das Sprachverständnis vieler autistischer Menschen beeinflusst.

Ein Phänomen, das für viele Kinder und Erwachsene eine Barriere in der alltäglichen Kommunikation darstellt, ist die bildliche oder auch »figurative« Sprache

> **Definition figurative Sprache (vgl. Kalandadze 2018, 100)**
>
> - Figurative Sprache bezieht sich auf einen sprachlichen Ausdruck, bei dem die beabsichtigten Bedeutungen von Wörtern, Sätzen und Ausdrücken in der Regel nicht mit ihren wörtlichen Bedeutungen übereinstimmen.
> - Wenn ein Sprecher figurativ spricht, beabsichtigt er, etwas anderes zu kommunizieren als das, was wörtlich gesagt wird, auch als »im übertragenen Sinne« bekannt.
> - Diese Form der Sprache, die Metaphern und verbale Ironie, einschließlich Sarkasmus, umfassen kann, erfordert, dass der Zuhörer oder Leser die Absicht des Sprechers im jeweiligen Kontext nachvollziehen kann.

In Unterhaltungen, im Unterricht und in Lesetexten begegnen wir häufig einer hohen Dichte an figurativer Sprache. Diese Form der Ausdrucksweise, die Metaphern und andere Stilmittel einschließt, verleiht der Kommunikation eine kreative und nuancenreiche Dimension. Figuratives Sprachverständnis kann einen erheblichen Einfluss auf soziale Beziehungen, soziale Teilhabe und den Bildungserfolg haben. Bei Personen im Autismus-Spektrum treten häufig Schwierigkeiten im Verständnis figurativer Sprache auf. Daniela Schreiter beschreibt ihre Schwierigkeiten mit Redewendungen in ihrem Buch »Schattenspringer«. Der Auftrag, wie sie »über ihren Schatten springen« soll, ist ihr unklar. »Redewendungen waren für mich oft ein Rätsel, das man mit normalen Lösungsansätzen nicht aufschlüsseln konnte. So nahm ich sie fast immer wörtlich und verstand selten den Sinn« (Schreiter 2023, 47).

In der Wissenschaft werden zwei Hypothesen zu den Hintergründen dieser Schwierigkeiten diskutiert (Kalandadze 2018, 100 ff). Eine ist die, dass die Theory of Mind das Verstehen übertragener Bedeutungen stark beeinflusst. Ein reduzierter intuitiver Zugang zur Theory of Mind würde auch das figurative Sprachverstehen betreffen. Eine zweite Hypothese besagt, dass die strukturellen Sprachfertigkeiten das Verstehen stark beeinflussen. Auch wenn die letzte Hypothese derzeit im Fokus der Diskussionen steht, scheint wahrscheinlich, dass eine Zusammenwirkung beider Faktoren für die Schwierigkeiten im figurativen Sprachverständnis verantwortlich ist. Für Eltern und Personen in pädagogischen Berufen ist entscheidend, bei der Interaktion mit Menschen im Autismus-Spektrum nicht zu versuchen, figurative Sprache generell zu vermeiden. Im Gegenteil sollten sie diese bewusst einsetzen, dabei auf das Verständnis der Betroffenen achten und bei Bedarf Erklärungen geben. Da Defizite im figurativen Sprachverständnis offenbar mit grundlegenden Sprachkenntnissen verbunden sind, könnte eine Verbesserung dieser Kenntnisse durch pädagogische und therapeutische Maßnahmen zu einem besseren Verständnis figurativer Sprache führen.

> **Beispiel Manuela**
> Manuela und ihre Logopädin spielen am Anfang jeder Therapie Karten. Dieses Mal scheint die Logopädin zu gewinnen. Die Logopädin ruft: »Ha! Ich habe die Nase vorn!«. »Manuela, hast Du eine Idee, was ich damit meine?«.
> Im Weiteren klären die beiden die Bedeutung der Redewendung. In den nächsten Therapie-Sitzungen ergeben sich immer wieder Momente, in denen diese Redewendung benutzt wird. Beim Autorennen an der Spielkonsole sagt Manuela: »Jetzt habe aber ich die Nase vorn.« Sie kichert: »Du hast die Nase hinten!«

Am Beispiel sieht man, dass Manuela sich die Bedeutung der Redewendung aneignet. Was bei ihr bleibt, ist die bildliche Vorstellung.

Das Sprachverständnis eines autistischen Kindes kann jedoch auch so stark eingeschränkt sein, dass es nur Schlüsselwörter aus dem Gesprochenen verarbeitet. Bei autistischen Kindern, die nicht oder kaum sprechen, ist dies oft der Fall. Axel Brauns (2004) beschreibt in seinem Buch »Buntschatten und Fledermäuse« wiederholt, dass er aus dem »Geräusch«, das die Erwachsenen machen, nur einzelne bedeutsame Begriffe herausfiltern kann. Hier kommen wir auf die fehlenden Fähigkeiten der Analyse zurück. Wenn Sprache sensorisch als Geräusch wahrgenommen wird, hängt das Verstehen stark an logischen Zusammenhängen des Moments und an der Vertrautheit mit der Situation. Hier ist es hilfreich, sehr klar zu kommunizieren. Kiras Logopädin empfiehlt der Familie, Schlüsselwörter zu benutzen. Dies heißt nicht, dass man in einen strengen Ton verfällt. Eine Kommunikation über Schlüsselwörter kann sehr freudvoll und freundlich klingen. Wenn Kira möchte, dass die Spielzeugtasche geöffnet wird, begleitet ihre Logopädin das sprachlich zum Beispiel so: »Auf? Ja? Auf?«. Sie öffnet die Tasche und ruft: »Jaaa! Auf!«. Hier sehen wir, dass der ursprüngliche Satz »Möchtest Du, dass ich die Tasche aufmache?« ganz auf das relevante Schlüsselwort reduziert wird. Kira kann jetzt die relevante Information filtern und Erfahrungen mit dem Konzept des Wortes »auf« machen. Wenn Kira später Einzelwörter flexibel anwendet und sie zu Zweiwortsätzen kombiniert, wird auch ihre Therapeutin nach und nach etwas längere Äußerungen machen. Immer so lang, dass Kira diese noch gut analysieren und verstehen kann.

Zum Weiterlesen

Schulz von Thun, Friedemann (1981): Miteinander reden. Störungen und Klärungen. Hamburg: Rowohlt Verlag.

Quellen

Brauns, A.(2004): Buntschatten und Fledermäuse. Mein Leben in einer anderen Welt. München: Goldmann Verlag.

Kalandadze, T., Norbury, C., Nærland, T., & Næss, K.-A. B. (2018): Figurative language comprehension in individuals with autism spectrum disorder: A meta-analytic review. *Autism*, *22*(2), 99–117. https://doi.org/10.1177/1362361316668652

Sagrauske, M., & Schipp, C.: »Wenn man was von mir will, muss man das konkret sagen und ansonsten empfange ich nichts« Sprach- und Kommunikationsituationen aus der Sicht von Erwachsenen im Autismus-Spektrum. In: Lindmeier, Christian; Sallat, Stephan, & Ehrenberg, Katrin: Sprache und Kommunikation bei Autismus. S. 45–60. Stuttgart. Kohlhammer Verlag

Schulz von Thun, F. (1981): Miteinander reden. Störungen und Klärungen. Hamburg: Rowohlt Verlag.

Schreiter, D. (2014): Schattenspringer. Wie es ist, anders zu sein. Nettetal: Panini Verlag

3.5 Kommunikation beobachten und Sprachentwicklung einschätzen

Die Grundlage dafür, einen Menschen in seiner alltäglichen Kommunikation zu unterstützen, ist eine genaue Beobachtung seiner Kommunikation. Für die Sprachförderung mit einem autistischen Kind besteht also neben dem Beziehungsaufbau ein erster Schritt darin, die Kommunikation und das Interaktionsverhalten des Kindes genau zu beobachten. Dabei geht es nicht so sehr darum, das Kind mit gleichaltrigen neurotypischen Kindern zu vergleichen und daran zu messen, welche Meilensteine in der Entwicklung in welchem Alter erfüllt sein sollten. Es geht vielmehr darum, herauszufinden, über welche Ressourcen das Kindes verfügt, wie es zu diesem Zeitpunkt kommuniziert und über welche individuellen Lernwege sich Sprache und Kommunikation für das Kind erschließen. Dieses Kapitel lädt

3.5 Kommunikation beobachten und Sprachentwicklung einschätzen

dazu ein, zu entdecken, wie Kommunikation und Sprachentwicklung so beobachtet und dokumentiert werden können, dass wir die Sprachlernstrategien des Kindes erkennen, seine Fortschritte erfassen und Ideen zur Förderung ableiten können.

Klassische Verfahren zur Beobachtung und Beurteilung der Sprachentwicklung beinhalten Screenings und Sprachtests, bei denen dem Kind Aufgaben wie das Zeigen, Benennen und Beschreiben von Bildern gestellt werden. Gerade bei nicht- oder wenig sprechenden autistischen Kindern kann es aber besonders wichtig sein, die Sprachentwicklung eher über strukturierte Beobachtungen, Spontansprachproben und Elternbefragungen zu erfassen. Diese sind meist aussagekräftiger als Methoden, für die das Kind mitarbeiten muss. Über die Beobachtung des Kindes und die Befragung der Bezugspersonen erhalten wir wichtige Informationen darüber, wie ein autistisches Kind am besten lernt und was es in Bezug auf die Kommunikation schon verstanden hat. Ein wichtiger Aspekt ist, die kleinen, aber bedeutsamen Kompetenzen und Fortschritte zu sehen. Zu sehen, dass ein Kind sich stetig entwickelt, ist während der Sprachförderung für Eltern und Fachpersonen ein wichtiger Motor, um mit voller Energie dranzubleiben. Frust und Enttäuschung entstehen oft nicht dadurch, dass ein Kind sich nicht entwickelt, sondern dadurch, dass wir die Entwicklung nicht erkennen.

Generell ist es wichtig, Sprache in Unterkategorien einzuteilen. Nur so können wir genau beobachten. Dabei hilft die Übersicht im folgenden Kasten.

Ebenen der Sprache

- **Artikulation:** Kann die Person alle Laute aussprechen? Werden Laute in Wörtern ersetzt oder ausgetauscht? Ist die Artikulation verständlich?
- **Wortschatz:** Kann die Person Dinge und Aktivitäten benennen? Sucht sie nach Worten? Bricht sie plötzlich ab, weil ihr die

Worte fehlen? Hat sie kreative Ideen, wenn ein Wort fehlt (z. B. Neuschöpfungen wie »Dreckwegmacher« für »Besen«)
- **Grammatik:** Bildet die Person Sätze? Sind diese ganzheitlich kopiert oder selbst flexibel gebildet? Auch wenn sie vielleicht nicht ganz korrekt sind, sind sie verständlich? Kann die Person Mehrzahl, Verneinungen, Aufforderungen bilden?
- **Pragmatik:** Wie handelt die Person mit der ihr zur Verfügung stehenden Sprache? Hat sie Ideen, wie sie in einem Gespräch agieren kann? Wie verhält sie sich, wenn sie ein Bedürfnis äußern will? Versteht sie sprachliche Konventionen?
- **Redefluss:** Ist die Sprache flüssig oder kommt sie ins Stocken?
- **Sprachverständnis** siehe Kapitel 3.4 (▶ Kap. 3.4)

Auch bei nicht- oder wenig sprechenden Kindern kann eine genaue Beobachtung viele wichtige Erkenntnisse bringen. Dabei stellen sich zwei zentrale Fragen: »Was will ich beobachten?« und »Wie will ich beobachten?«. Bei der Frage nach dem »was« gibt es verschiedene Ziele der Beobachtung. Eines ist, das derzeitige Kommunikationsverhalten des Kindes einzuschätzen. Dazu gehört das Erkennen kommunikativer Mittel sowie das Identifizieren von Kommunikationsanlässen. Gibt es bereits Momente, in denen ein Bedürfnis kommuniziert wird? Wenn ja, auf welchem Weg? Werden Lautäußerungen oder gar Echolalien getätigt? Sind diese bezogen auf die Situation? Erfolgt vielleicht ein Blickkontakt, ohne dass Verbalsprache verwendet wird? Wird über das Verhalten kommuniziert? Ist dies schon zielgerichtet und bewusst oder handelt es sich um Impulse, wie zum Beispiel Weinen oder Greifen? Welche Hinweise auf präverbale Vorläufer gibt es (▶ Kap. 3.1)? Reagiert das Kind auf Ansprache? Wie reagiert es auf Verzögerungen in einem gemeinsamen Routinespiel? Welche Präferenzen oder Bedürfnisse lassen sich in einer Situation, zum Beispiel der Spielsituation, erkennen? Um Ordnung in diese Vielfalt an Fragen zu bekommen, bietet es sich an, die eigenen Beobachtungen zu strukturieren. Der folgende Kasten gibt eine Übersicht über eine kleine Auswahl von vier Beobachtungsformen.

Arten der Beobachtung

Freie Beobachtung:	Beobachten ohne vorher festgelegte Kategorien oder Einschränkungen, einfach das Geschehen passieren lassen.
Strukturierte Beobachtung:	Verwendung eines vorher festgelegten Schemas oder einer Liste, um spezifische Informationen zu sammeln.
Teilnehmende Beobachtung:	Aktive Teilnahme am beobachteten Ereignis oder der beobachteten Gruppe, während man gleichzeitig das Verhalten beobachtet.
Nicht teilnehmende Beobachtung:	Beobachten aus der Distanz, ohne aktiv am beobachteten Ereignis teilzunehmen.

Ein Vorteil einer strukturierten Beobachtung ist, dass relevante Aspekte erfasst werden und dass wir keine wichtigen Themen vergessen. Gerade, wenn wir eine Person beobachten, bei der ein bestimmtes Verhalten hervorsticht oder zu der wir schon Überzeugungen haben, kann es passieren, dass wir bestimmte Aspekte vergessen. Teile unserer Beobachtung können aus der Distanz passieren. In einer nicht teilnehmenden Beobachtung bin ich nicht in Interaktion mit der beobachteten Person. Im Kindergarten würde das z.B. bedeuten, dass ich ein Kind dabei beobachte, wie es allein spielt, wie es mit anderen Kindern interagiert oder wie es etwas mit einer Kollegin macht. Ein Vorteil ist, dass ich als Beobachterin weniger voreingenommen und aufmerksamer bin, da ich selbst nicht an der Handlung beteiligt bin. Das Verhalten der beobachteten Person ist vermutlich unverfälscht, da ich nicht in ihre Handlungen eingreife. Wenn ich als Beobachterin bestimmte Dinge ausprobieren möchte, ist es sinnvoll, dass ich teilnehmende Beobachterin bin. Ich bringe zum Beispiel einem Kind eine Tasche mit verschiedenen Materialien und schaue, was passiert, wenn ich die Tasche nur sehr langsam öffne. Interessant könnte auch sein, was passiert, wenn ich den Wasserhahn beim Spiel am Waschbecken plötzlich ab- oder aufdrehe. Wie reagiert das Kind? Ergibt sich eine geteilte Aufmerksamkeit? Blickt es mich an? Lautiert es? Greift es zum Wasserhahn oder zu meiner Hand? Ich führe in einem kleinen Experiment eine Situation herbei und versuche damit, etwas über die Person herauszufinden. Über spontane oder individuell geplante Versuche hinaus gibt es verschiedene Beobachtungs- und Fragebögen, die uns dabei unterstützen können, gut organisiert gezielte Beobachtungen zu machen und diese strukturiert zu dokumentieren.

> **Beobachtungs- und Fragebögen zur Sprachentwicklung**
>
> Folgende Bögen können gerade für die Beobachtung der Sprache und Kommunikation autistischer Menschen hilfreich sein:
>
> Dohmen, Andrea u. a. (2009): Das pragmatische Profil
>
> Häußler, Anne u. a. (2013): Bogen zur Einschätzung der qualitativen Besonderheiten in der Kommunikation bei Menschen mit Asperger Syndrom
>
> Müller, Christina & Aktas, Maren (2025): KOMM Elternfragebogen zur vorsprachlichen Kommunikation
>
> Reid, Chris & Reid, Barbara (1987): Pre-verbal communication schedule (übersetzt von Sarimski & Steinhausen, 2007)

3.5 Kommunikation beobachten und Sprachentwicklung einschätzen

> Coupe O'Kane, Judith & Goldbart, Juliet (1998): The early communication Assessment: ECA

Ein besonderer Vorteil von Beobachtungsbögen ist, dass diese im Gegensatz zu standardisierten Sprachtests nicht unbedingt eine Kooperation des Kindes erfordern. Eine Erfassung des Sprachverständnisses mit normierter, standardisierter Testdiagnostik erfolgt meist in einer Situation, in der das Kind zuhört und Bilder zeigt oder zuhört und Handlungen mit Spielmaterial nachstellt. Bei vielen Kindern, bei denen die Interaktion Thema der Entwicklungsförderung ist, sind solche Settings noch nicht möglich. Bei der Einschätzung der Sprachentwicklung als Grundlage für Unterstützungsangebote geht es auch weniger darum, ob die Person altersgemäß entwickelt ist. Ziel ist vielmehr, herauszufinden, welche Schwierigkeiten und Ressourcen bestehen, was die Person zur Verwendung von Sprache bereits verstanden hat und wo man unterstützen könnte. Bei Kira wäre es interessant, in welchen Situationen und mit welcher Funktion sie Echolalien äußert. Es wäre weiter interessant, wie sie auf ein reduziertes sprachliches Input mit Schlüsselwörtern reagiert.

Eine sehr genaue Beobachtung vorsprachlicher Fähigkeiten autistischer Kinder, die nicht oder wenig sprechen, bieten Sarimski und Steinhausen (2007) mit ihrem Beurteilungsschema für vorsprachliche Kommunikationsformen. Es handelt sich hier um eine Kurzfassung einer englischen Vorlage, die sehr detailliert in kommunikative Grundfertigkeiten, die vor sprachlichen Äußerungen stehen, einsteigt. Das Verfahren eignet sich sehr gut, um Fortschritte von Kindern zu dokumentieren, die über längere Zeit nichtsprechend sind. Wir haben bereits festgestellt, dass Frustration über die Sprachentwicklung autistischer Kinder bei Eltern und Pädagogen oft dann entsteht, wenn wir keine Entwicklungsschritte erkennen. Die Idee, dass das Kind »immer noch nicht spricht«, kann den Blick darauf verstellen, dass es während der Förderung zum Beispiel sehr große Fortschritte im Aufbau geteilter Aufmerksamkeit gemacht hat.

Ein weiteres Instrument der Beobachtung von Sprachentwicklung sind Spontansprachprotokolle. Hierbei geht es darum, verbale Äußerungen genauso, wie sie getätigt wurden, zu notieren. Dies kann besonders bei Echolalien interessant sein. Welche Teile der Äußerungen sind Echolalien? Gerade hier empfiehlt es sich, die Situation und die vermutete Funktion der Echolalie dazu zu notieren. Über Spontansprachprotokolle können neben Funktionen verbaler Äußerungen auch erste grammatische Entwicklungen (Kombiniert ein Kind erste Wörter miteinander? Was sind typische Kombinationen?) und Schlüsselwörter erfasst werden. Wenn ich weiß, welche ersten Wörter eine autistische Person verwendet, kann ich Situationen herbeiführen, in denen ich diese in verschiedene Handlungen übertrage.

Um das kommunikative Verhalten einer Person über verschiedene situative Kontexte (z. B. Wohngruppe und Arbeit oder Kindergarten und zu Hause) zu erfassen, können Fragebögen und Interviews hilfreich sein. Während Fragebögen ein effizientes Mittel sind, um von mehreren Personen Informationen zu erheben (z. B. um das kommunikative Verhalten einer Person in mehreren Settings zu untersuchen), bieten Interviews die Möglichkeit, sich tiefgehender mit einzelnen Themen zu beschäftigen. Ein Interview über das Kommunikationsverhalten eines Kindes bietet eine gute Basis für die weitere Zusammenarbeit zwischen Pädagogen, Therapeuten und Eltern. Es ist vertrauensbildend, schafft ein gemeinsames Verständnis der Entwicklung eines Kindes und kann wichtige Informationen von den Eltern als Profis für ihr Kind für die Sprachförderung liefern. Gerade für Personen, die bereits sprechen, kann das Pragmatische Profil nach Andrea Dohmen u. a. (2009) genutzt werden. Dies ist zwar nicht gezielt für autistische Kinder entworfen worden, bildet aber verbal-kommunikatives Verhalten sehr umfassend ab. Der folgende Kasten gibt eine Übersicht über Inhalte des Interviews. Es sollte natürlich nicht vergessen werden, dass sich ein Großteil der

3.5 Kommunikation beobachten und Sprachentwicklung einschätzen

Methoden auch auf Erwachsene (sprechend oder nicht sprechend) übertragen lässt.

> **Das Pragmatische Profil (Dohmen u. a., 2009, 47)**
> Dieser Kasten gibt einen Auszug der kommunikativen Kategorien, die im Pragmatischen Profil abgefragt werden.
>
> Kommunikative Intentionen ausdrücken: z. B. Aufmerksamkeitslenkung
> z. B. Aufforderungen
> z. B. Widerspruch
> Reaktion auf Kommunikation: z. B. mit Vergnügen reagieren
> Kommunikationsorganisation: z. B. Initiierung einer Kommunikation
> Kommunikationskontext: z. B. Personen
> z. B. Umgebung

Für die genaue Einschätzung und Förderdiagnostik kommunikativer Fähigkeiten bei nicht oder wenig sprechenden Kindern gibt Christina Müller (2023) eine sehr genaue Anleitung. Eine besondere Ressource dieses Vorgehens ist, dass es nicht defizitorientiert (Was macht das Kind auffällig? Was kann es nicht?) vorgeht. Es geht vielmehr darum, herauszufinden, wo sich ein Kind im Prozess seiner Sprachentwicklung befindet, welche Ressourcen bereits genutzt werden können und wo wir in der Förderung ansetzen sollten, um das Kind in die nächste Entwicklungsphase zu begleiten. Christina Müller (2023) zeigt ausführlich, wie Elternbefragungen und Beobachtungen kombiniert werden können und welche Konsequenzen sich für die Förderung ableiten lassen.

Es gibt unter den gegebenen Beispielen einige Bögen, die bisher nur auf Englisch vorliegen. Wenn man Übersetzungsprogramme nutzt, werden diese jedoch auch Fachkräften zugänglich, die sich im Englischen nicht sehr sicher fühlen.

> **Reflexionsfrage:**
> Wie arbeiten Sie in der Pädagogik, um Schwierigkeiten, individuelle Lernwege und Ressourcen einer Person herauszufinden? Welche der genannten Zugänge nutzen Sie schon? Welche noch zu wenig?

Zum Weiterlesen

Müller, Christina (2023): Kommunikationsförderung und Sprachanbahnung bei minimal verbalen Kindern im Autismus-Spektrum: Entwicklungsorientierte Diagnostik und Förderplanung. In: Lindmeier, Christian, Sallat, Stephan & Ehrenberg, Katrin: Sprache und Kommunikation bei Autismus. S. 177–197. Stuttgart: Kohlhammer Verlag.

Quellen

Coupe O'Kane, J., & Goldbart, J. (1998): Communication before Speech. Development and Assessment. Exeter: David Fulton Publishers.
Dohmen, A. u. a. (2009): Das Pragmatische Profil. Analyse kommunikativer Fähigkeiten von Kindern. München: Elsevier Verlag
Häußler, A. u. a. (2013): Praxis TEACCH. Informelle Förderdiagnostik. Ansätze für eine Förderung entdecken. Dortmund: Verlag modernes Lernen
Müller, C. (2023): Kommunikationsförderung und Sprachanbahnung bei minimal verbalen Kindern im Autismus-Spektrum: Entwicklungsorientierte Diagnostik und Förderplanung. In: Lindmeier, Christian, Sallat, Stephan & Ehrenberg, Katrin: Sprache und Kommunikation bei Autismus. S. 177–197. Stuttgart: Kohlhammer Verlag.
Müller, C., & Aktas, M. (2025 – in Vorbereitung): KOMM – Elternfragebogen zur vorsprachlichen Kommunikation. Göttingen: Hogrefe.
Sarimski, K. & Steinhausen, H. (2007): KIDS 2 – Geistige Behinderung und schwere Entwicklungsstörungen. Göttingen: Hogrefe.

3.6 Mehrsprachigkeit im Autismus-Spektrum

Mehrsprachigkeit wird in der deutschen Pädagogik oft als Ausnahmefall angesehen, dabei ist sie in Wahrheit die Norm. In den meisten Ländern der Welt ist es üblich, dass Menschen in ihrem Alltag mehrere Sprachen verwenden. Auch das Wechseln zwischen Dialekt und Standardsprache (also z.B. »Hochdeutsch«) kann als Mehrsprachigkeit gewertet werden. Sprachen sind keine abzählbaren Fertigkeiten. Wenn jemand sagt »Ich spreche drei Sprachen« bedeutet das nicht, dass alle Sprachen gleich stark oder gar perfekt ausgebildet sind. Mehrsprachigkeit liegt demnach nicht nur vor, wenn jemand eine perfekte Beherrschung mehrerer Sprachen vorweisen kann. Mehrsprachig ist ein Kind bereits dann, wenn es im Alltag mit verschiedenen Sprachen konfrontiert ist. Ein nichtsprechendes autistisches Kind, das in einen deutschen Kindergarten geht und in dessen Familie Bulgarisch gesprochen wird, ist also mehrsprachig, auch wenn es selbst noch keine Wörter äußert. Dieses Kind ist trotz seiner eingeschränkten verbalen Kommunikation mehrsprachig, weil es täglich mit unterschiedlichen Sprachen in Berührung kommt.

> **Formen der Mehrsprachigkeit**
> Mehrsprachigkeit zeigt sich in verschiedenen Formen, wobei im Kleinkindalter zwei Haupttypen hervorstechen: Parallele und sukzessive Mehrsprachigkeit.
>
> - Parallele Mehrsprachigkeit:
>   Hier werden mehrere Sprachen gleichzeitig erworben und verwendet.
>   Beispiel: Ein Elternteil spricht portugiesisch, das andere deutsch.
> - Sukzessive Mehrsprachigkeit:
>   Eine Sprache wird im frühen Kindesalter nach der anderen

> erworben.
> Beispiel: Ein Kind aus der Ukraine kommt mit drei Jahren in den deutschen Kindergarten.

Zwei weitere Begriffe sind im pädagogischen Umgang mit Mehrsprachigkeit wichtig: »Familiensprache« und »Umgebungssprache«. Die Familiensprache bezieht sich auf die Sprache, die innerhalb der Familie gesprochen wird. Die »Umgebungssprache« ist die Sprache, die in der Umgebung vorherrscht. Das ist beispielsweise die Schule, der Arbeitsplatz oder der Spielplatz. Wenn ein Kind Eltern mit verschiedenen Muttersprachen hat oder in einer Familie lebt, die eine andere Familiensprache als die Umgebungssprache spricht, ist seine Mehrsprachigkeit eine faktische Realität und keine verhandelbare Option. Pädagoginnen und Pädagogen sollten hier nicht eingreifen (z.B. Familie dazu raten, zu Hause nur noch Deutsch zu sprechen). Dies gilt auch, wenn beide Eltern das Deutsche gut beherrschen. Wir werden mögliche Folgen einer solchen »inszenierten Einsprachigkeit« für Familien autistischer Kinder später im Kapitel besprechen.

Reflexionsfrage:
Was denken Sie über die Verwendung mehrerer Sprachen bei autistischen Kindern? Wie passen diese Gedanken zu den Inhalten, was wir bisher über die Sprachentwicklung autistischer Kinder entwickelt haben?«

Wenn autistische nicht- oder wenig sprechende Kinder in einem mehrsprachigen Umfeld leben, wird oft befürchtet, dass die Mehrsprachigkeit das Kind überfordern könnte. Schließlich muss das autistische Kind andauernd den sprachlichen Kontext wechseln, was ständige Umstellung bedeutet. Wenn eine Sprachtherapeutin mit einem Kind fünf Wörter erarbeiten konnte, die dieses Kind in der Therapie nutzt, liegt die Idee nahe, dass es diese fünf deutschen Wörter auch zu Hause nutzen sollte. Der Gedanke, dass es sehr lange dauern würde, alle Wörter auch noch in der Familiensprache zu lernen, ist oberflächlich nachvollziehbar. Eine solche Überforderung autistischer Kinder liegt jedoch nicht vor. Wissenschaftlich gibt es keine Hinweise darauf, dass eine Mehrsprachigkeit für autistische Kinder mit Sprachproblemen ein Zusatzrisiko darstellt (Lim et al. 2018, 2892, sowie Beauchamp & MacLeod 2017, 259). Dies können wir damit erklären, dass bei autistischen Kindern, die nicht oder schwer in die Sprache kommen, in der Regel nicht die sprachlichen Prozesse selbst erschwert sind. Im Vordergrund steht nicht, dass das autistische Kind sich keine Wörter merken kann oder diese nicht artikulieren kann. Im Vordergrund der Sprachauffälligkeit stehen meist Prozesse, die den vorsprachlichen Bereich betreffen. Dass das Kind die Notwendigkeit von Sprache begreift, den Inhaltsaspekt und die Funktion der Sprache versteht, eine geteilte Aufmerksamkeit mit dem Gesprächspartner aufbaut, sind universelle Kompetenzen, die nicht eine einzelne Sprache betreffen. Wenn Kira gelernt hat, dass ihre Sprachtherapeutin ihre Spielzeugtasche öffnet, wenn Kira »auf« sagt, oder dass sie ihr eine weitere Schiene zum Bauen gibt, wenn sie »mehr« sagt, kann Kira diese Begriffe genauso in ihrer Familiensprache lernen und anwenden. Hier empfiehlt sich eine enge Umfeldarbeit. Kiras Eltern können dann in der Sprachtherapie gelernte Schlüsselbegriffe zu Hause in ihrer Familiensprache betonen und kleine Situationen herbeiführen, in denen die Begriffe eine Rolle spielen.

Andrew spricht mit seiner Sprachtherapeutin deutsch, mit seiner Mutter englisch. Er hat in der Sprachtherapie seit einigen Monaten einen kleinen Kernwortschatz entwickelt. Alle Wörter in diesem Kernwortschatz sind für ihn bedeutsam, zum Beispiel ist ihm in einem der gemeinsamen Routinespiele wichtig, dass die erwachsene Person den Jojo schnell aufrollt, damit er ihn wieder abrollen kann. Andrew hat sowohl seiner Mutter als auch seiner Therapeutin einen ausgerollten Jojo in die Hand gedrückt. Er benutzt beide Sprachen, wenn er ruft: »Snippe, schnell! Mama, quick!«. Andrews Beispiel zeigt, dass er sogar in derselben Situation und noch auf Ein- bis Zweiwortebene zwischen den Sprachen wechseln kann. Hilfreich ist hier für ihn die »eine Sprache – eine Person«-Struktur.

> **Strukturierung von Mehrsprachigkeit**
> Im Alltag ist es nicht immer möglich, die Struktur »eine Sprache – eine Person« oder »eine Sprache – eine Situation« durchzuhalten. Wenn die Eltern englisch und deutsch sind, wird jedes Elternteil meist seine Muttersprache mit den Kindern sprechen. Beim Sommerurlaub bei der Familie in England oder beim Videochat mit der Familie werden aber vielleicht alle Englisch sprechen und da macht auch das deutschsprachige Elternteil mit. Wenn die Familie dann in England zufällig auf eine deutsche Familie trifft und die Kinder sich miteinander anfreunden, sprechen bei diesen Treffen vermutlich alle deutsch miteinander. Eine so flexible Organisation der Sprachen ist gut – die Kinder erleben ihre Eltern kompetent in beiden Sprachen. Die Eltern sollten nur während des Kleinkindalters möglichst nicht Sätze bilden, die beide Sprachen gleichzeitig enthalten.
>
> »I've got viele tolle surprises in my Auto« nimmt einem Kind in der Sprachentwicklung unter Umständen die Möglichkeit, die beiden Sprachen voneinander zu unterscheiden.
>
> Wenn das Kind allerdings selbst ein Wort aus der anderen Sprache einfügt, um eine Wortschatzlücke zu schließen, ist das eine wertvolle Kompetenz.

Wenn wir Familien hinsichtlich der Mehrsprachigkeit eines Kindes beraten, greifen wir immer auch in deren tägliche Interaktionen, ihre Kultur und ihre Identität ein. Daher ist hier Vorsicht geboten. Ein gut gemeinter pädagogischer Rat kann ungeahnte Konsequenzen für den Alltag einer Familie haben. Eltern bilingualer Kinder im Autismus-Spektrum, die aufgrund ihres Migrationshintergrundes eine andere Familiensprache haben, wird von Menschen in pädagogischen oder medizinischen Berufen häufig zu einer inszenierten Einsprachigkeit des Kindes geraten (Yu 2016, 428).

»Sprechen Sie unbedingt deutsch mit Ihren Kindern. Sie sprechen doch auch sehr gut Deutsch«, hieß es bei Davids und Kiras Eltern vom Kinderarzt. Eine solche inszenierte Einsprachigkeit ist für die Sprachentwicklung der Kinder nicht förderlich. Sie ist überdies für die Familien kaum durchführbar und zieht negative Konsequenzen für die familiäre Dynamik nach sich.

Risiken einer inszenierten Einsprachigkeit

- Isolierung innerhalb der eigenen Familie (z. B. von Großeltern)
- Belastung der Beziehungsebene zu den Eltern
- Fehlende Spontaneität der Ansprache durch die Eltern
- Fehlerhaftes Input durch die Eltern als Nicht-Muttersprachler
- Kind wird durch die Eltern weniger angesprochen
- Schuldgefühle der Eltern
- Schwierigkeiten der Umsetzung in Gruppenkonversationen

(vgl. Yu, 2016; sowie Lim u. a. 2018 und Hampton 2017)

Auch wenn ein autistisches Kind nonverbal oder minimal verbal ist, kann davon ausgegangen werden, dass das Sprachverstehen des Kindes in der Regel ausgeprägter ist als das, was das Kind schon sprechen kann. Das Kind wird oft Schlüsselwörter oder -phrasen in seiner Familiensprache erfassen und nach und nach in sein Sprachverstehen integrieren. Der Ausschluss aus familiären Sprachinteraktionen, das Fehlen von sprachlichem Feedback und die Verringerung der verbalen Ansprache wirken sich auch auf der nonverbalen und auf der verbalen Ebene für das Kind deutlich negativ aus. Diese Aspekte beeinflussen maßgeblich die Erfahrungen des Kindes und dessen nonverbale Kommunikation.

Familien mit mehrsprachigen autistischen Kindern sollten partnerschaftlich und mit Augenmerk auf ihre Bedürfnisse beraten werden. Dazu gehört, dass man Eltern fragt, welche Erfahrungen sie mit der Mehrsprachigkeit ihres Kindes gemacht haben. Es ist sinnvoll, ein Sprachenprofil der Familie anzulegen. Wer spricht wann mit wem welche Sprache? Wo fühlen sich die Familienmitglieder wohl?

Wo gibt es Sorgen oder Unsicherheiten? Solche Gespräche sollten Eltern dazu befähigen, das mehrsprachige Setting für ihre Kinder bewusst und passend zu gestalten. Sie können dann selbst adäquate Entscheidungen für deren Förderung treffen und ohne Schuldgefühle mit ihren Kindern interagieren. Es macht generell Sinn, die Eltern darin zu ermutigen, dass sie ihre Muttersprache mit ihrem Kind sprechen. Gut ist, wenn die verschiedenen Sprachen mehrheitlich in für das Kind klar erkennbaren Kontexten gesprochen werden (z. B. bulgarisch zu Hause, deutsch im Kindergarten). Dabei sollten jedoch Geschwisterkinder nicht dazu gezwungen werden, zu Hause nur noch die Familiensprache zu sprechen, wenn sie sich angewöhnt haben, den Eltern z. B. auf Deutsch zu antworten. In Einzelfällen kommt es vor, dass Familien ihre Herkunftssprache z. B. aus politischen Gründen ablehnen. Auch in diesem Fall sollten Fachkräfte nicht intervenieren. Generell ist es natürlich gut, seine eigene Muttersprache mit dem Kind zu sprechen. Diese Regel sollte aber nicht über das psychosoziale Erleben der Familie gestellt werden.

> **Mehrsprachigkeit autistischer Kinder fördern**
>
> - Allen Sprachen mit Wertschätzung gegenübertreten
> - Partnerschaftliche Gespräche mit Eltern über Mehrsprachigkeit
> - Bewusst Sprachkontexte in den betreffenden Sprachen schaffen
> - Sprachenwechsel für das Kind erkennbar machen
> - Sprachen nicht innerhalb eines Satzes vermischen
> - Transfer erlernter Schlüsselwörter in die andere Sprache begleiten

Die Sprachwahl in der Sprachförderung kann eine schwierige Entscheidung sein. Spricht die pädagogische Person die Familiensprache der Eltern nicht, gibt es nichts zu entscheiden. Beherrscht sie die

Sprache, könnten folgende Fragen die Sprachenwahl in der Sprachförderung entscheiden: Auf welche Ansprache durch die Pädagogin reagiert das Kind am besten? In welcher Sprache fühlt sich die Pädagogin am sichersten? Sieht die Perspektive der Familie vor, in Deutschland zu bleiben oder ist ein baldiger internationaler Umzug geplant? In manchen Fällen ist es möglich, den Sprachaufbau durch zwei verschiedene Kolleginnen in beiden Sprachen zu machen – dies ist bei enger Absprache natürlich ein Luxus, der nur in wenigen pädagogischen Settings möglich ist. Eine ausführliche Übersicht über die Mehrsprachigkeit autistischer Kinder findet sich bei Snippe (2022).

Immer wieder gibt es Beispiele autistischer Kinder, die weder durch ihre Familien- noch durch ihre Umgebungssprache, sondern über das Englische in die gesprochene Sprache kommen. Die Kinder produzieren plötzlich vermehrt englische Wörter. Diese können stimulativ sein (▶ Kap. 3.3 zum Thema Echolalien) oder auch funktional angewendet werden. Oft handelt es sich um Kinder, in deren Alltag Englisch eigentlich kaum eine Rolle spielt. Dennoch erleben diese Kinder das Englische über Apps oder Videos im Internet. Gerade, wenn die Familie eine Sprache spricht, auf der es keine Synchronisationen der angesagten Clips für Kinder (z. B. »Peppa Pig«) gibt, sehen die Kinder diese Clips auf Englisch. Die oft sehr lebendige Betonung des Englischen und der Umstand, dass die Phrasen in Apps und Clips immer wieder gleich reproduziert werden können, tragen sicher dazu bei, dass die Kinder dieses Input als sehr attraktiv empfinden. Eltern und Pädagoginnen sind häufig verunsichert, wie sie darauf reagieren sollen, dass ihr Kind plötzlich englische Wörter spricht. Es hat sich in vielen Fällen bewährt, im pädagogischen oder therapeutischen Setting in diese Begeisterung für das Englische mit einzusteigen. Hat das Kind ein Wort oder eine Phrase mit einem Kernbegriff übernommen, kann diese im Setting der Sprachförderung übernommen werden. Gleichzeitig können z. B. Betonungsmerkmale der präferierten Sprache auch in der Umgebungssprache übernommen werden. Es kann zum Beispiel sein, dass das Kind auf deutsche Phrasen ähnlich interessiert reagiert, wenn diese besonders melodiös und akzentuiert gesprochen werden. In der Sprachförderung würde man davon ausgehen, dass die Begeisterung für englische Wörter und Phrasen sich mit der richtigen Förderung auch auf die Familien- und Umgebungssprache ausdehnt, wenn das Interesse für das Sprachinput einer bestimmten Art weitere Nahrung erfährt. Hierbei handelt es sich um Erfahrungswerte, die wissenschaftlich noch überprüft werden müssten.

Zentral ist im Bereich der Mehrsprachigkeit, ob autistisch oder nicht, gegenseitige Wertschätzung und Interesse für die jeweilige Sprache. Wenn Kiras deutschsprachige Therapeutin die Eltern mit gebrochenem Bulgarisch verabschiedet (dies hatte sie sich von Kiras Vater beibringen lassen) und Kiras Vater auf Deutsch »Tschuß, bis bald!« erwidert, merkt auch Kira, dass beide Sprachen von den Erwachsenen als wertvoll und wichtig erachtet werden. Sie erfährt eine Kontrastierung zwischen den Sprachen und erlebt, dass auch die Erwachsenen je nach Gesprächspartner die Sprache wechseln. Zur Vertrauensbildung zwischen Therapeutin und Eltern tut diese Wertschätzung zusätzliche Wirkung.

> **Reflexionsfrage:**
> Haben sich Ihre Gedanken zur Mehrsprachigkeit bei autistischen Kindern nach dem Lesen dieses Kapitels verändert oder bleiben sie gleich? Wie integrieren Sie als pädagogische Fachperson das Thema Mehrsprachigkeit in Ihren Alltag? Wenn Sie selbst mehrsprachig sind, wie organisieren Sie Ihre Sprachen im Alltag und in der Familie?

Zum Weiterlesen

Wilken, Etta (2022): Zwei- und Mehrsprachigkeit bei Kindern mit kognitiven Beeinträchtigungen. Stuttgart: Kohlhammer Verlag. In diesem Band findet sich auch ein Kapitel zur Mehrsprachigkeit im Autismus-Spektrum.

Quellen

Beauchamp, M. L. H., & MacLeod, A. A. N. (2017): Bilingualism in Children With Autism Spectrum Disorder: Making Evidence Based Recommendations. *Canadian Psychology = Psychologie Canadienne*, 58(3), 250–262. https://doi.org/10.1037/cap0000122

Hampton, S., Rabagliati, H., Sorace, A., & Fletcher-Watson, S. (2017): Autism and Bilingualism: A Qualitative Interview Study of Parents' Perspectives and Experiences. *Journal of Speech, Language, and Hearing Research*, 60(2), 435–446. https://doi.org/10.1044/2016_JSLHR-L-15-0348

Lim, N., O'Reilly, M. F., Sigafoos, J., & Lancioni, G. E. (2018): Understanding the Linguistic Needs of Diverse Individuals with Autism Spectrum Disorder: Some Comments on the Research Literature and Suggestions for Clinicians. *Journal of Autism and Developmental Disorders*, 48(8), 2890–2895. https://doi.org/10.1007/s10803-018-3532-y

Snippe, K. (2022): Zwei- und Mehrsprachigkeit bei Kindern mit Autismus-Spektrum-Störungen. In: Wilken, Etta (2022): Zwei- und Mehrsprachigkeit bei Kindern mit kognitiven Beeinträchtigungen. S. 93–105. Stuttgart: Kohlhammer Verlag.

Yu, B. (2016): Bilingualism as Conceptualized and Bilingualism as Lived: A Critical Examination of the Monolingual Socialization of a Child with Autism in a Bilingual Family. *Journal of Autism and Developmental Disorders*, 46(2), 424–435. https://doi.org/10.1007/s10803-015-2625-0

Wissen auf den Punkt gebracht: Erkenntnisse und Empfehlungen

Erkenntnisse aus diesem Kapitel:

- Die Sprachentwicklung ist ein aktiver Prozess. Kinder konstruieren sich ein Sprachsystem über Analyse, Versuch und Feedback.
- Die Sprachentwicklung setzt ständige Interaktion und eine besonders fokussierte Wahrnehmung sozialer Reize (Blicke, Laute, Wörter, Betonung, Gesten) voraus.

- Autistische Kinder zeigen sehr früh in der Sprachentwicklung Besonderheiten.
- Viele Kinder im Autismus-Spektrum sind keine geborenen »Sprachdetektive«, sie sind nicht intuitiv auf soziale Reize spezialisiert.
- Manche autistischen Kinder nehmen Sprache weniger als Konzept oder Kommunikationsmittel, sondern nur auf der sensorischen Ebene wahr.
- Viele autistische Kinder erleben eine frühe Sprachregression.
- Echolalien entstehen oft durch eine ganzheitliche Sprachwahrnehmung.
- Echolalien haben Funktionen. Diese können dem Verstehen dienen, kommunikativ oder stimulativ sein.
- Mehrsprachigkeit ist kein Sonderfall und bei autistischen Kindern kein Risiko für die Sprachentwicklung.

Die wichtigsten pädagogischen Konsequenzen:

- Ein erster Schritt der Sprachförderung ist, die Sprachentwicklung eines autistischen Kindes besonders in Bezug auf die vorsprachlichen Kompetenzen genau zu beobachten.
- Ein Ziel in der Sprachförderung ist es, begreifbar zu machen, dass man mit Sprache etwas bewirken kann.
- Echolalien sollten genau im Hinblick auf ihre Funktion analysiert und in der Sprachförderung genutzt werden.
- Eltern autistischer Kinder sollten ermutigt werden, ihre Muttersprachen mit ihrem Kind zu sprechen.

4 Grundprinzipien der Sprachförderung autistischer Kinder

Jonas, neun Jahre
Jonas ist neun Jahre alt. Er hat mit sieben Jahren zu sprechen begonnen – genauer gesagt: Sprache im Alltag zu nutzen. Es hatte damals ein halbes Jahr gedauert, bis Jonas mit in den Behandlungsraum kommen konnte. Seine Therapeutin und seine Eltern haben das Schritt für Schritt aufgebaut – begonnen wurde mit Hausbesuchen, damit Jonas seine Therapeutin erstmal ohne die Praxis mit dem quirligen, oft vollen Wartezimmer kennenlernt. Von den Fortschritten, die er seitdem in der Sprachtherapie und zu Hause zeigt, sahen die Lehrkräfte in der Schule bisher wenig. Selbst in seiner Klasse mit zehn anderen Kindern scheint der Trubel ihm noch zu viel zu sein. Jonas hat seit ein paar Monaten einen Schulbegleiter. Der sucht mit Jonas eine ruhige Ecke, wenn die anderen Kinder zu lebhaft werden, und er erarbeitet mit ihm die Tages- und Aufgabenstruktur in Bildern. Nach und nach nutzt Jonas mehr verbale Sprache, so wie er es auch zu Hause und in seinen Therapien tut, die er im Einzelsetting hat. Es scheint, dass Jonas immer dann mehr Zugriff auf seine Sprache hat, wenn er sich sicher fühlt und kein Reizchaos abschirmen muss.

Wenn es Schulaufgaben gibt, auf die sich Jonas nicht einlassen kann, formt sein Schulbegleiter sie um. Das kann die Strukturierung sein oder das Anpassen auf Jonas' Spezialthemen. Ein Spezialthema sind Insekten. Im Matheunterricht werden dann eben Insekten zusammengezählt und multipliziert.

4.1 Sicherheit ist wichtig

Wir haben in den vorigen Kapiteln verstanden, dass autistische Menschen ihre Umwelt oft als überwältigend empfinden, sowohl in Bezug auf Reize als auch soziale Anforderungen. Die Reizumwelt und die Anforderungen können sogar als bedrohlich wahrgenommen werden. Daraus ergibt sich eine erhöhte Verletzlichkeit des Sicherheitsgefühls der Person. Der erste Fokus im Sprachförder-Setting sollte also darauf liegen, dem autistischen Menschen Sicherheit zu vermitteln. Die Grundidee besteht darin, dass erst in einem sicheren Umfeld, einem »Safe Place«, die Möglichkeit besteht, dass ein Kind wie Jonas sich der Interaktion mit einer anderen Person öffnen kann. Solange er sich nicht sicher fühlt, ist seine Aufmerksamkeit darauf gerichtet, Reize und Bedrohungen abzuwehren und seine Emotionen zu regulieren. Er ist dann im Fluchtmodus. Ein sicherer Ort für Menschen im Autismus-Spektrum sollte verschiedene Schlüsselfaktoren berücksichtigen. Dazu gehören Vertrautheit, um ein Gefühl der Sicherheit zu schaffen, sensorisches Wohlbefinden, das durch die Anpassung der Umgebung an individuelle Bedürfnisse gewährleistet wird, Rückzugsmöglichkeiten, um sich vor sozialen Anforderungen zurückzuziehen, visuelle Strukturierung, um eine klare Übersicht zu bieten, sowie Raum für Spezialinteressen, um individuelle Interessen zu berücksichtigen und zu fördern. Nur in einem solchen geschützten Umfeld können viele autistische Menschen die notwendige Sicherheit finden, um Interesse zu entwickeln und erfolgreich in den sozialen Kontakt einzutreten.

Sicherheit im pädagogischen Setting

- Sensorisches Wohlbefinden
- Rückzugsmöglichkeiten
- Visuelle Strukturierung
- Raum für Spezialinteressen

4.1 Sicherheit ist wichtig

Die Arbeit mit Kindern im ambulanten Setting (z. B. in der logopädischen Praxis) kann bedeuten, dass es Wochen oder Monate dauert, bis das Kind sich an das neue Setting gewöhnt hat. Kommt Jonas zuerst nicht mit in den Behandlungsraum, kann dies daran liegen, dass dort ein Reizumfeld herrscht (Licht, Gerüche, viele verschiedene Reize), das ihm bedrohlich erscheint, oder es ist die fehlende Vertrautheit als solche, die abschreckt. Hier ist es sinnvoll, ihn genau zu beobachten und mit den Eltern in enger Kooperation zu bleiben. Häufig haben Eltern eines autistischen Kindes einen großen Erfahrungsschatz zu ähnlichen Situationen. Hat ein Kind Schwierigkeiten damit, das neue Setting zu akzeptieren, plagen sich Pädagoginnen und Therapeutinnen während einer solchen Phase oft mit dem schlechten Gewissen, dass ja seit Wochen noch gar keine richtige Sprachtherapie oder sonstige Förderung stattfindet. Das Ziel, dass das autistische Kind einen sicheren Ort für die gemeinsame Arbeit findet, sollte aber als wichtiges pädagogisches Ziel gewertet und in den Fokus genommen werden. Es lohnt sich, das Annähern an den neuen Raum in kleinen Schritten zu vollziehen. Diese können entweder lokal gestaffelt sein (Kennenlernen des Flurs, des Warteraums, des gemeinsamen Raums) oder es könnte sinnvoll sein, dass das Kind die neue Person zuerst in einem ihm vertrauten Umfeld kennenlernt (erstes Kennenlernen im Kindergarten/Hort oder im Zuhause des Kindes). In manchen Fällen hat es sich auch als erfolgreich erwiesen, dass Wartezeiten im Wartezimmer vermieden wurden oder die Termine zu einem Zeitpunkt stattfanden, an dem in den anliegenden Räumen sonst wenig Aktivität herrschte. Ebenso sinnvoll kann es sein, dass das Kind ein Objekt mitnehmen darf, das seine Aufmerksamkeit bindet und Sicherheit gibt.

Wenn der zwölfjährige Paul mit lautem Ton von seiner neuen Therapeutin fordert: »Du musst immer eine rote Tasche mitbringen wie die Annika!« (dies war die vorherige Therapeutin), dann sollte sein Verhalten nicht als Provokation oder als aufsässig eingeordnet werden. Paul versucht hier, durch Beibehaltung von konstanten Merkmalen (z. B. der roten Tasche), ein Gefühl für Sicherheit aufrecht zu erhalten.

Beispiel: Jonas in der Garderobe
Wenn die Sprachförderung in einem vertrauten Setting stattfindet, ist der Ort bekannt, die Situation aber neu für die autistische Person. Jonas wählt in seinem Zuhause selbst den Ort, an dem gearbeitet wird. Zum Erstaunen seiner Eltern ließ sich Jonas mit der Sprachtherapeutin in den ersten Stunden direkt auf dem kalten Boden im Flur nieder. Obwohl seine Mutter mehrfach betonte, dass es doch gemütlichere Räume in der Wohnung gäbe, zum Beispiel das Kinderzimmer oder das Wohnzimmer, ließ die Sprachtherapeutin sich von Jonas führen. Die ersten Interaktionen fanden also auf dem Boden sitzend im Flur statt. Jonas lief nach zehn Minuten weg in die Küche. Hier schien es wichtig, ihm diesen Rückzugsraum zu gewähren. Vermutlich waren zehn Minuten Interaktion bereits sehr viel für den Jungen und er brauchte eine Pause. Ab der zweiten Stunde setzte Jonas sich in den Eingang des kleinen Garderobenraumes (ein Raum von einem Quadratmeter, in dem die Mäntel der Familie hingen). Während der Beschäftigung mit dem Spielmaterial schloss er die Tür zwischen sich und der Therapeutin immer wieder. Er saß in der Garderobe, die Therapeutin davor im Flur. Aus dem Schließen der Tür entwickelte sich ein wechselseitiges Spiel aus Anklopfen, Öffnen der Tür und schnellem Schließen der Tür. Jonas konnte so selbst den Kontakt zur Therapeutin regulieren. Er fühlte sich in diesem Setting offensichtlich sicher.

Anfangs konnte Jonas es schwer ertragen, dass seine Therapeutin sein Spielzeug anfasst. Aus seiner Abwehrreaktion konnte überraschend schnell eine wegweisende Handbewegung mit einem »Näh!« modelliert werden. Jonas nutzte diese Geste, und die Therapeutin nahm ihre Finger vom Spielzeug.

Reflexionsfrage:
Wie konnten Sie für die autistischen Menschen, mit denen Sie Ihren Alltag teilen, mehr Sicherheit herstellen? In welchen Situationen fehlt diese noch? Was könnte man tun?

4.2 Struktur: Die Übersicht behalten

Sicherheit ist wichtig. Eine Voraussetzung für das Gefühl von Sicherheit ist das Gefühl, die Übersicht zu haben. Dies kann die Übersicht über die räumlichen Gegebenheiten, die zeitliche Orientierung, die Anforderungen der Situation oder die Übersicht über die Interaktion sein. Möglichkeiten, der autistischen Person ein Gefühl der Übersicht zu schaffen, sind visuelle Strukturierung sowie Reduzierung von Komplexität und Routinen. Möglichkeiten der visuellen Strukturierung können bei Anne Häußler (2008) nachgelesen werden.

> **Bereiche der visuellen Strukturierung (Häußler 2008, 51 ff)**
>
> - Strukturierung des Raums
> - Strukturierung von Zeit
> - Strukturierung von Abläufen
> - Routinen als Strukturierung

Bezogen auf die Sprachförderung ist die Übersicht über die Interaktion besonders wichtig. Aus dem neurotypischen Blickwinkel erscheinen kleine, sich wiederholende Interaktionen in Förderung und Unterricht schnell sinnlos oder inhaltsleer – häufig ergibt sich schon nach kurzer Zeit das Gefühl, dass jetzt einmal etwas Neues, Kreatives kommen müsste. Wenn Jonas im Spiel mit den Puppen immer wieder die Szene wiederholt, in der sich seine Puppe erschreckt, liegt der Fokus der Erwachsenen schnell dabei, die Handlung weiterzuspinnen und eine neue Geschichte erzählen zu wollen. Jonas steigt dann aus der Spielhandlung und damit aus der Interaktion aus. Damit zeigt er sehr deutlich, dass das angebotene Kreativ-Input für ihn nicht mehr vorhersehbar und überschaubar ist. Wenn wir uns bewusst machen, wie komplex Interaktionen und Kommunikation sind, können wir dafür Verständnis entwickeln. Wenn Jonas sich für die Schrecksekunde seiner Puppe interessiert, kann dieses Thema selbst für die Sprachförderung wiederholt und in sehr kleinen Schritten variiert werden. Hier wird Jonas offen sein für Laute, Gesichter oder Wörter, die mit diesem kleinen Handlungsrahmen in Verbindung gebracht werden. Er behält die Übersicht über die Spielhandlung, über die Interaktion und hat Ressourcen, neues Input zu verarbeiten. Die Wörter, die in Verbindung mit der Routinehandlung gebraucht werden, können erst jetzt in ihrer Bedeutung wahrgenommen werden, sie erscheinen für Jonas sinnvoll und bedeutungsvoll. Gerade in der Sprachanbahnung mit nicht- oder wenig sprechenden autistischen Menschen ist es wichtig, sich zu trauen, Kommunikation und Interaktion zu reduzieren und zu routinieren. »Wir machen eigentlich immer ein bisschen das gleiche«, sagen therapeutische und pädagogische Kolleginnen und Kollegen in Workshops oft fast schuldbewusst. Im Falle von Jonas hat der Schulbegleiter sich gut auf seine Bedürfnisse eingestellt. Er bietet Jonas das an, was er verarbeiten kann. Die Routiniertheit der gemeinsamen Interaktionen stellt kein Defizit, sondern eine große Ressource für Jonas da. Er behält die Übersicht. Wenn die Erwachsenen um ihn herum das erkennen, können sie mit kleinen Variationen innerhalb der Routine spielen und Jonas so ermöglichen, dass er Mittel der Kommunikation und Interaktion entwickelt und in vielen Situationen seines Alltags umsetzen kann.

Auch bei sprechenden autistischen Erwachsenen kann das Gefühl der Übersicht für Interaktionen zentral sein. Herr Münch ist 34 Jahre alt und lebt in einer betreuten WG. Einmal in der Woche telefoniert er mit seiner Schwester, die in einer anderen Stadt lebt. Herr Münch freut sich immer sehr auf die Telefonate, bricht aber nach dem ersten Hallo häufig ab und legt dann rasch auf. Telefonieren ist für viele autistische Menschen eine besondere Herausforderung. Die Klangqualität am Telefon ist eine andere, es herrschen andere Regeln der Kommunikation und unterstützende Kommunikationskanäle, wie z.B. Gestik und Mimik, fehlen. Daniela Schreiter beschreibt in ihrem Buch »Schattenspringer«, dass sie für Telefongespräche mit fremden Personen viel Zeit braucht: »Jedes Mal ein schwieriges Ereignis, das viel Vorbereitung erfordert« (Schreiter 2023, 78). Eine Heilerziehungspflegerin, die in der WG arbeitet, hat erkannt, dass Herrn Münch die Übersicht über die Interaktion in einem solchen Telefongespräch fehlt. Sie erarbeitet mit Herrn Münch und seiner Schwester ein Skript, an das sich beide bei ihren Telefongesprächen halten. Dabei gibt es eine feste Reihenfolge an Fragen, die beide einander stellen und beantworten. Nachdem Herr Münch immer vertrauter mit diesem Skript wurde, verlängerten sich die Telefongespräche. Herr Münch scherte immer öfter aus dem Skript aus und erzählt auch impulsiv Neuigkeiten, die ihm in den Sinn kamen. Innerhalb der Struktur konnte er flexibel werden, da er die Übersicht behielt. Herr Münch kann lesen. Daher hat er einen Zettel, auf dem die Fragen, also das Skript für die Telefongespräche, stehen. Kann eine Person nicht lesen, kann dies mit Bildern oder Symbolen visualisiert werden. Auch seine Schwester profitiert von der vereinbarten Struktur. Sie weiß jetzt, welche Art von Fragen Herr Münch am Telefon beantworten kann und welche Fragestellungen sie vermeiden sollte, da diese für ihn nicht greifbar sind.

In unseren alltäglichen Interaktionen greifen wir ebenso auf Skripte zurück. Zum Beispiel laufen ein Einchecken im Hotel, ein Geburtstagsanruf oder ein zufälliges Treffen mit dem Nachbarn auf einem Spaziergang häufig sehr gleichförmig ab. Meistens gelingt es uns mit der wachsenden Erfahrung, unsere inneren Skripte zu abstrahieren und in ihnen flexibel zu werden. Dass wir beim Einchecken ins Hotel auch in einer fremden Sprache eine Idee davon haben, was unser Gegenüber von uns möchte, liegt daran, dass wir ein inneres Skript vom Gespräch haben. Diese Struktur erlaubt uns, auch dann zu verstehen, wenn wir die Sprache eigentlich nicht verstehen. Sie erlaubt uns auch, flexibel zu werden. Für autistische Personen kann es hilfreich sein, ein solches Skript zu visualisieren. Dies erlaubt Übersicht und damit Sicherheit. Herr Münch sollte nicht ermahnt werden, sich starr an das Skript zu halten, wenn er beginnt zu variieren. Die Variation kann nämlich ein Zeichen für seine Entwicklung sein. Er hat das Skript verinnerlicht und kann nun flexibel werden.

> **Reflexionsfrage:**
> Welche Sprechsituationen könnten Sie für die autistische Person, mit der Sie arbeiten oder den Alltag teilen, noch klarer strukturieren? Wie könnte diese Struktur für die Person sichtbar gemacht werden?

4.3 Sprechen: Weniger ist mehr

Viele autistische Menschen haben Schwierigkeiten damit, eine Vielfalt an Reizen zu ordnen, zu filtern und im Zusammenhang miteinander wahrzunehmen. Wir haben dies in Kapitel 2.1 (▶ Kap. 2.1) erkannt. Dies trifft auch auf Sprache zu. Wenn ich mit jemandem spreche, muss mein Gegenüber Wichtiges und Unwichtiges unterscheiden, Sätze in Wörter auftrennen, Bedeutungen und Zusammenhänge wahrnehmen. Axel Brauns schreibt in seiner Biografie davon, dass die Erwachsenen »Geräusch machen« (Brauns 2002, 18). Er hat das sprachliche Input der Erwachsenen als ein Zuviel erlebt, das er nicht filtern und verarbeiten konnte. Aus dem Sprachfluss der anderen wurden oft keine bedeutungsvollen Einheiten gefiltert – es blieb Sprachfluss und damit »Geräusch«. In der Sprachförderung kann es daher sinnvoll sein, die eigene Sprachproduktion stark zu reduzieren. Dies fühlt sich zuerst seltsam an, weil wir in der sonstigen Sprachförderung ja eher viel sprechen – kommentieren, fragen und erzählen. In der Arbeit mit einem autistischen Menschen, der nicht- oder wenig sprechend ist, kann es jedoch förderlich sein, wenn wir uns auf einzelne Schlüsselwörter beschränken. Wir bezeichnen dann sehr betont das, was gerade im Fokus der Person steht, mit einem einzigen Wort. Der Vorteil ist hier, dass die autistische Person den Inhalt nicht aus einem »Sprachbrei« herausfiltern muss und sich so schneller die Bedeutung des einzelnen Begriffs erschließen kann. Auch mit erwachsenen nichtsprechenden autistischen Menschen kann dies ein wichtiges Mittel im Alltag sein. Besonders in Erregungszuständen, wenn eine Person frustriert, wütend, desorientiert, überreizt oder hilflos ist, kann die sonst funktionierende Sprachanalyse beinahe zusammenbrechen. Dann können Schlüsselwörter eher verstanden werden als ganze Sätze. Wichtig ist, dass Einwortebene nicht bedeutet, dass ein unfreundlicher Befehlston entsteht. Die einzelnen Begriffe können sehr freundlich und motivierend ausgesprochen werden.

> **Reduzierung der Äußerungslänge: Jonas**
> Jonas Eltern geben dem Schulhelfer ein Feedback zur Reduzierung der Äußerungslänge im Alltag:
>
> »Jonas wachte gestern Nacht auf und war völlig außer sich. Das haben wir öfter und normalerweise brauchen wir sehr lange, bis wir herausfinden, was los ist oder was er braucht. Gestern haben wir etwas Neues ausprobiert. Wir haben unseren Sprachstil so gewählt, wie Sie es mit ihm machen. Wir haben ihm Alternativfragen gestellt, aber ganz ohne Satzbau, nur die einzelnen Wörter »Milch? .... Oder Wasser?«. Obwohl Jonas, wenn er aufgeregt ist, sonst nicht auf unsere Ansprache reagiert, konnte er plötzlich reagieren und uns verständlich machen, was er brauchte.«

Christopher Whittaker (2012) fand heraus, dass es unter nichtsprechenden autistischen Kindern eine Untergruppe gibt, für die die Ansprache durch andere so überfordernd ist, dass sie den Kontakt und damit eben auch den Blickkontakt vermeiden. In der neurotypischen Welt ist Blickkontakt oft der erste Impuls, durch den man eine Person anspricht. Es gibt viele andere Gründe, warum Blickkontakt für viele autistische Menschen ein herausforderndes Thema ist. Im Falle dieser Untergruppe bedeutet die Aufnahme von Blickkontakt aber vor allem, dass gleich wieder so ein Mensch eine Unmenge von Geräusch macht, voll mit Anforderungen, auf die reagiert werden soll. Sollte der Verdacht bestehen, dass eine Person zu dieser

Untergruppe gehört, empfiehlt es sich, erste gemeinsame Momente ganz ohne Sprache zu versuchen. Für die Fachperson ist dies gewöhnungsbedürftig: Eine Sprachförderung ganz ohne Sprache? Für eine Person, für die verbale Ansprache eine Überforderung oder sogar eine Bedrohung darstellt, ist ein sprachfreies Setting ein sicherer Hafen und vielleicht eine Gelegenheit, sich dem Kontakt zu öffnen. Sie muss die Überforderung nicht mehr vermeiden und abblocken, sondern kann sich in diesem sicheren Umfeld interessieren und teilhaben. Wenn diese Sicherheit geschaffen ist, kann die Nutzung einzelner, bedeutungsvoller Wörter probiert werden.

> **Blickkontakt und Sprache: Jonas**
> Seine erste Erzieherin in der Kita nutzte die gesamte »Trickkiste«, um in Kontakt zu Jonas zu kommen. Dieser blickte sie aber nicht an und schien auch sonst keinen Bezug auf sie zu nehmen. Plötzlich lief Jonas auf die Hospitationspraktikantin zu, die beobachtend am Rand des Geschehens saß. Jonas kam auf einen Meter Abstand, schaute der lächelnden Praktikantin direkt in die Augen und betrachtete zufrieden deren Gesicht. Er wendete sich dann wieder seinem Spiel zu. Diese Sequenz wiederholte sich noch zwei Male. Während die Erzieherin Jonas ständig angesprochen hatte, war von der stillen Praktikantin offenbar keine Ansprache zu erwarten. Damit stellte sie keine Bedrohung für Jonas dar.

4.4 Ziele: Realistisch und bedeutungsvoll

In der Sprachanbahnung mit nicht sprechenden autistischen Menschen scheint das Ziel häufig klar: »Dass er endlich spricht!«. Gehen wir gleich mit dem ganz großen Ziel in den Kontakt, werden mit großer Wahrscheinlichkeit zwei Dinge passieren: Erstens haben wir

4.4 Ziele: Realistisch und bedeutungsvoll

das Gefühl, dem Ziel nicht näher zu kommen, und sind frustriert. Diese Frustration kann sich auf die Beziehung zu dem übertragen, der da sprechen soll. Zweitens: Wir arbeiten an den Bedürfnissen der Person vorbei. Es geht dann darum, was die Person »soll«, nicht darum, was sie benötigt. Ein Grundstein für eine erfolgreiche Sprachanbahnung ist ein Ziel, das realistisch und im Sinne der autistischen Person ist.

Wenn wir mit nicht sprechenden autistischen Menschen arbeiten, könnte eine Modellierung des Ursprungsziels sein, dass die Person einen kommunikativen Ausdruck (auf irgendeine Art) für ein bestimmtes Bedürfnis findet. Jonas hatte dadurch ein Wirksamkeitserleben und mehr Kontrolle über seinen Alltag. Dieses Ziel war also attraktiv für ihn selbst. Es kann sein, dass die Erreichung des Ziels für das Umfeld der Person sogar eine unangenehme Wirkung entfaltet. Als Jonas lernte, durch ein Signal auszudrücken, dass er etwas nicht wollte, hatte er einen wichtigen Schritt getan. Seine Eltern und Lehrer mussten in dem neuen Alltag mit ihm natürlich neu denken: Wie gehen wir jetzt damit um, wenn Jonas uns beim Händewaschen deutlich macht, dass er kein Wasser auf seinen Händen haben mag?

> **Ziel im Sinne des Kindes: Jonas**
>
> Zu Beginn seiner Sprachentwicklung echolalierte Jonas manchmal Phrasen aus Liedern, nutzte aber noch keine Wörter, um Bedürfnisse zu äußern.
>
> Wenn er in den ausgebreiteten Holzklötzen der Therapeutin kramte, konnte er nicht aushalten, dass diese auch etwas anfasste. Die Therapeutin fasste dies als Ziel auf: Sie wollte Jonas ein kommunikatives Mittel geben, mit dem er dieses Bedürfnis ausdrücken konnte. Aus seinem Verhalten ließ sich eine abweisende Geste mit einem »Näh!« modellieren.
>
> Sobald Jonas dies verwendete, zog die Therapeutin ihre Hände zurück.
>
> Nach ein paar Sequenzen gibt Jonas sein »Näh!« bereits von sich, wenn die Hände der Therapeutin nur in Richtung der Klötze

> zucken. Er hat gelernt, dass er mit Sprache sehr schnell und effizient sein kann.

Im Falle von Jonas ist ein Ziel erreicht: Er kann die Spielsituation kontrollieren. Er konnte übrigens im Anschluss viel besser zulassen, dass jemand mitspielte, da er wusste, dass er dies jederzeit unterbrechen konnte, wenn er es nicht mehr aushielt. Verbale Kommunikation ist für ihn in diesem Moment bedeutungsvoll geworden.

Aber auch der kommunikative Ausdruck über irgendeinen Kanal – sprachlich, gestisch, durch Laute oder Blicke, das Drücken eines Knopfes oder Herzeigen einer Bildkarte – kann bereits sehr hoch gegriffen sein. Die Kunst, ein realistisches Ziel zu formulieren, besteht auch darin, abzuschätzen, was wohl als nächstes möglich ist. Das große Ziel wird in ganz kleine Ziele heruntergebrochen. Ein Ziel für Jonas in der Garderobe war zum Beispiel, dass man ein für Jonas angenehmes Setting findet, in dem er sich der Interaktion mit der Therapeutin öffnen kann.

> **Ziele herunterbrechen: Sevi**
> Sevi ist fünf Jahre alt, im Autismus-Spektrum, und spricht noch nicht. »Der rennt doch nur rum«, ist der Kommentar eines Erziehers zu Sevis Interessen. Für die Sprachanbahnung ist nach den ersten Sitzungen klar: Das Ziel »Sevi spricht« oder »Sevi kommuniziert« ist zwar langfristig da, aber vermutlich in den nächsten drei Monaten nicht erreichbar. Eine realistische Formulierung für die nächsten Sitzungen ist »Sevi und ich sind in Kontakt miteinander«. Aus dieser neuen Zielsetzung können völlig neue Aktivitäten entstehen. Zum Beispiel: gemeinsames Herumrennen.

Auch in der Wortschatzarbeit mit autistischen Menschen sollten realistische und bedeutungsvolle Ziele Kern der gemeinsamen Arbeit sein. Stets stellt sich die Frage: »Was hat die Person davon, wenn sie

4.4 Ziele: Realistisch und bedeutungsvoll

das Ziel erreicht?«. In der Wortschatzarbeit mit Herrn P. ist es nicht unbedingt angezeigt, eine Erweiterung eines allgemeinen Grundwortschatzes zu erreichen, wenn diese Begriffe für seine Interessen bedeutungslos sind. Es kann sinnvoller sein, mit ihm Begriffe aus seinem Spezialinteresse »Fische« zu erarbeiten, so dass er sich differenzierter über dieses Thema austauschen kann. Herr P. wird diese Wörter eher in seinen Alltag einbauen als einen fremd vorgegebenen Grundwortschatz. Bei der Diskussion der Zielbildung in der Sprachförderung schleicht sich bei Pädagoginnen und Pädagogen schnell die Formulierung »Wir hätten gern, dass er/sie...« ein. »Wir hätten gern, dass er Bescheid gibt, wenn er zur Toilette muss« oder »Wir hätten gern, dass sie langsamer spricht«, sind erstmal verständliche Zielsetzungen, die im Ablauf eines gemeinsamen Alltags, sei dies zu Hause, in der Schule oder der WG, ihre Berechtigung haben. Im Sinne der Sprachförderung stehen sie aber vermutlich nicht im Fokus des Interesses der autistischen Person selbst. In deren Interesse könnten Themen oder Bedürfnisse stehen, die dem pädagogischen Personal zuerst merkwürdig oder gering erscheinen. Es können Ziele sein, die die Abläufe vor Ort nicht beschleunigen oder vereinfachen, die aber der autistischen Person eine Erfüllung oder eine Kontrolle über die Situation geben. Ein Beispiel, in dem eine autistische Jugendliche ein fremdbestimmtes Ziel (sie sollte langsamer sprechen) in eine ihr selbst dienliche Aktion umwandelte, ist Monika.

> **Ziel im eigenen Sinne: Monika**
> Monika, 17 Jahre alt und im Autismus-Spektrum, bezeichnet sich als eine »Schnellsprecherin, die langsam versteht«. Karl, einer der Heilerziehungspfleger in Monikas Wohngruppe, hat ein Kärtchen mit einer kleinen Schildkröte eingeführt. Das zückt er, wenn Monika mal wieder zu schnell spricht. Das Ziel war eigentlich, dass Monika die Bedürfnisse ihrer Zuhörer besser berücksichtigen soll, besonders im Hinblick auf ihre Sprechgeschwindigkeit. Karl und Monika kochen. Als Karl die Reihenfolge der Zutaten run-

terrattert, schnappt sich Monika die Schildkröten-Karte von Karls Schlüsselband. Sie hält ihm die Karte vor die Augen: »Langsam, Karl!«.
Die Schildkrötenkarte ist mittlerweile in Monikas Besitz gewandert. Monika ist sehr zufrieden darüber, dass sie ein Mittel hat, mit dem sie das Sprechen der anderen verlangsamen kann. Manchmal benötigt sie die Karte nicht mehr, sondern hebt einfach den Zeigefinger und sagt: »Langsam, Karl!«.

Reflexionsfrage:
Welche Ziele sind für die autistische Person, an die Sie denken, selbst subjektiv sinnvoll? Welche Ziele, die von der Umwelt kommen, sind für die Person selbst bedeutungslos?

4.5 Motivation: Der Sprache einen Sinn geben

In pädagogischen Settings im Umgang mit autistischen minimalverbalen Menschen hört man oft die Bemerkung: »Der spricht nur, wenn er will.« Allerdings wäre es korrekter zu sagen: »Er spricht, wenn er einen Nutzen darin erkennt.« Diese Feststellung trifft nicht nur auf autistische, sondern auch auf neurotypische Personen zu. Kommunikation birgt stets einen Nutzen. Kommunikation kann verschiedenen Zwecken dienen, sei es der Äußerung von Bedürfnissen, dem Knüpfen von Beziehungen, dem Ausdruck von Emotionen, der Vermittlung von Informationen oder einfach der Freude an der sprachlichen Form.

4.5 Motivation: Der Sprache einen Sinn geben

Sinnhaftigkeit in der Kommunikation finden: Leon und das Gaming

Leon, ein 13-jähriger Junge im Autismus-Spektrum, zeigte eine weitgehend unauffällige Sprachentwicklung hinsichtlich Artikulation, Wortschatz und Grammatik. Trotzdem sprach er sehr wenig und hatte begrenzte Erfahrungen in der Konversation mit anderen. Das Hauptziel in der Sprachförderung bestand darin, seine Sicherheit im Ausdruck und in der gegenseitigen Kommunikation zu stärken. Die bisherigen Ansätze der Sprachförderung, die künstliche Gesprächsanlässe und vorgegebene Fragen über Arbeitsblätter beinhalteten, waren wenig erfolgreich. Daher wurde das Sprachfördersetting offener gestaltet. Eine entscheidende Veränderung trat ein, als Leon und seine Therapeutin mit einem ferngesteuerten Auto nach draußen gingen, um die Umgebung zu erkunden. Als das Auto eines Tages in einer Förderstunde mit leeren Batterien stand, wurden gemeinsam Lösungen überlegt, und Leon sprach in dieser Stunde erheblich mehr und zeigte großes Engagement. Er war sogar bereit, im Förderzentrum bei verschiedenen Kolleginnen zu fragen, ob diese Batterien hätten. Da Batterien bei einer Kollegin von seiner Therapeutin deponiert waren, war er damit erfolgreich. Leon wurde für die Folgestunden gebeten, Dinge von zu Hause mitzubringen, die er gerne macht. Er brachte seine Spielkonsole mit seinem Lieblingsspiel »Minecraft« mit. Während des gemeinsamen Spiels instruierte und erklärte Leon seiner Therapeutin das Spiel. Die stellte sich sehr ungeschickt an. Diese Interaktionen führten dazu, dass Leon immer engagierter und kommunikativ initiativer wurde. Auch die Kolleginnen des Förderzentrums, die ihn nur vom Sehen kannten, berichteten von einer Veränderung in Leons Verhalten vor den Förderstunden. Er saß nun mit einer offeneren Körperhaltung und einem wachen, neugierigen Blick im Wartezimmer, im Gegensatz zu seiner früheren eingesunkenen und verschlossenen Haltung. Es schien, als ob Leon die gemeinsamen Stunden nun genoss und einen Sinn in der Kommunikation sah.

> Sein soziales Umfeld wurde ermutigt, verstärkt auf Leons Interessen zu den Themen Elektrospielzeug und Computerspiele einzugehen. Die Eltern berichteten, dass er auch zu Hause und in der Schule häufiger sprach, um sich über seine Lieblingsthemen auszutauschen. Insgesamt wirkte Leon laut Eltern und Lehrern zufriedener und selbstbewusster.

Für autistische Menschen gestaltet sich die sprachliche Kommunikation oft aufwendiger und anstrengender, da viele Aspekte nicht intuitiv zugänglich sind. Zudem fällt es vielen autistischen Menschen schwerer, etwas zu lernen, das als sinnlos empfunden wird. Daher kommt der Wahrnehmung von Sinnhaftigkeit in der Sprachförderung eine zentrale Bedeutung zu. Eine autistische Person, die bisher kaum gesprochen hat, wird verbale Sprache über den Förder-Kontext hinaus im Alltag nutzen, wenn sie die Wirksamkeit von Sprache erlebt. Selbst bei autistischen Kindern und Erwachsenen, die bereits sprechen, ist es häufig von großer Bedeutung, die subjektiv empfundene Sinnhaftigkeit im Blick zu behalten. Es ist wichtig, dass Kommunikation als sinnvoll und effektiv wahrgenommen wird.

> **Wissen auf den Punkt gebracht: Erkenntnisse und Empfehlungen**
>
> **Erkenntnisse aus diesem Kapitel:**
>
> - Viele autistische Menschen benötigen eine sichere und vertraute Umgebung, um sich überhaupt auf soziale Interaktionen einlassen zu können.
> - Umwelt kann als überwältigend empfunden werden, insbesondere durch sensorische Reize und soziale Anforderungen.
> - Für manche autistische Menschen ist der direkte Blickkontakt unangenehm und überfordernd.

4.5 Motivation: Der Sprache einen Sinn geben

- Manche autistische Menschen können gesprochene Sprache nur schwer filtern und verstehen sie als unstrukturierte Geräusche.
- In emotional herausfordernden Momenten fällt es autistischen Menschen oft schwer, Sprache richtig zu verarbeiten.

Die wichtigsten pädagogischen Konsequenzen:

- Die Umgebung sollte auf die sensorischen und emotionalen Bedürfnisse abgestimmt werden, um das Gefühl von Sicherheit zu gewährleisten.
- Es ist wichtig, dass Fachkräfte der Pädagogik und Therapie eng mit den Eltern kooperieren und beobachten, wie das Kind auf bestimmte Reize oder Veränderungen reagiert, um gezielt Anpassungen vorzunehmen.
- Reduzierte, klare Handlungen und Interaktionen ermöglichen dem autistischen Menschen, Übersicht zu bewahren und sich sicher zu fühlen.
- Strukturen wie visuelle Pläne oder Skripte können genutzt werden, um Orientierung in Gesprächen oder alltäglichen Handlungen zu geben.
- In der Kommunikation mit nicht und wenig sprechenden autistischen Menschen kann es besser sein, sich auf einfache, bedeutsame Wörter zu beschränken, um Überforderung zu vermeiden.
- Innerhalb vertrauter Routinen in der Interaktion ist es hilfreich, kleine Veränderungen einbauen, um dem anderen die Möglichkeit zu geben, sich weiterzuentwickeln.
- Wenn verbale Kommunikation schwierig ist, können alternative Methoden wie Bildkarten, Gesten oder Symbole verwendet werden.
- Im Zentrum der Sprachförderung sollten Kommunikationsformen stehen, die für das Kind oder den Erwachsenen subjektiv Sinn ergeben und für die Person im Alltag wirksam sind.

Quellen

Brauns, A. (2002): Buntschatten und Fledermäuse. Mein Leben in einer anderen Welt. München: Goldmann Verlag.

Häußler, A. (2008): Der TEACCH Ansatz zur Förderung von Menschen mit Autismus. Einführung in Theorie und Praxis. Dortmund: Verlag modernes lernen.

Schreiter, D. (2014): Schattenspringer. Wie es ist, anders zu sein. Nettetal: Panini Verlag.

Whittaker C.A.: The speech aversion hypothesis has explanatory power in a Minimal Speech Approach to aloof, non-verbal, severe autism. *Med Hypotheses.* 2012 Jan; 78(1):15-22. doi: 10.1016/j.mehy.2011.09.031. Epub 2011 Oct 17. PMID: 22004986.

5 Alltagsorientierte Sprachförderung im Autismus-Spektrum

Lucy, sechs Jahre
Lucy ist sechs Jahre alt. Zu Beginn der Sprachtherapie mit ihrer Logopädin sprach sie noch nicht funktional. Sie echolalierte aber manchmal Wörter. Ihr erstes Wort in der Sprachtherapie war »auf«. Sie wollte die Spielsachen aus der Tasche der Therapeutin herausholen, aber die Tasche wurde nach jedem Spielzeug wieder geschlossen. Die Therapeutin fragte »auf?« und Lucy merkte schnell, dass die Tasche sofort wieder aufgeht, wenn sie das Wort nachahmt. Ihre Therapeutin und sie haben das immer wieder gemacht, so lange, wie Lucy Interesse dafür hatte. Bald sprach sie das »auf« ohne Vorsagen. Das Wort »auf« wurde dann auch mit einer Schublade weitergenutzt und zum Aufdrehen des Wasserhahns bei Wasserspielen am Waschbecken. Lucy stand eines Tages an der Wohnungstür und sagte »auf« – also wurde draußen weitergearbeitet. Da sie die vielen Aufzüge im Miethaus liebte, wurden diese wichtiger Bestandteil der Sprachtherapie. Lucys Einzelfallhelfer ist in das Thema mit eingestiegen und macht mit ihr Sprachförderung im Alltag. Die Logopädin leitet ihm die Begriffe, die in der Sprachtherapie erarbeitet wurden, weiter. Er sucht mit ihr im Alltag so viele Möglichkeiten wie möglich, damit sie die Erfahrung machen kann, dass »auf« und »nochmal« in vielen verschiedenen Situationen funktionieren.
 Lucy lernt, dass sie über die verbale Sprache im Alltag wirksam sein kann.

5.1 Warum ist eine alltagsorientierte Sprachförderung wichtig?

Wir haben in den vorigen Kapiteln erarbeitet, dass Kinder Sprache in Interaktionen lernen. Wichtige Motoren dafür sind Spaß und Bedeutsamkeit, aber auch die Möglichkeit, relevante Reize von irrelevanten Reizen zu unterscheiden und Regelmäßigkeiten zu erkennen. Wenn wir in klassischen Settings der Sprachtherapie und Sprachförderung mit Menschen mit Auffälligkeiten der Sprachentwicklung arbeiten, ist dies oft weit vom Alltag entfernt, weil wir ein strukturiertes Setting schaffen und der Person das Sprechen »beibringen« wollen. Dabei kann es schnell passieren, dass die Ziele, die wir setzen, dem Klienten nicht wirklich für seinen Alltag dienen. Dass ein Kind zehn Tiere im Bauernhofbuch benennen kann, ist schön und zeigt, dass es seinen Wortschatz erweitert. Aber was kann es im Alltag mit diesen Wörtern erreichen, wenn es sich gar nicht für Tiere interessiert? Bei der Arbeit mit Erwachsenen wird es noch deutlicher: Meist wird in der Fachliteratur ignoriert, dass Sprachförderung auch mit autistischen Erwachsenen stattfinden kann. Die häufig gestellte Frage »Macht das denn überhaupt noch Sinn in seinem Alter?« kann stets mit einem deutlichen »Ja« beantwortet werden. Wichtig ist aber auch hier, dass direkt im Alltag der Person gearbeitet wird und dass Ziele erarbeitet werden, die den Alltag der Person merkbar erleichtern und ihre Lebensqualität verbessern. Gerade bei Erwachsenen muss es nicht immer darum gehen, dass die Person mehr Wörter oder eine bessere Aussprache lernt. Es kann auch sein, dass nonverbale Kommunikationsformen moduliert werden, dass visuelle Formen (Gestik oder Bildkarten) angewendet werden oder dass die Bezugspersonen trainiert werden, besser zu verstehen oder zu unterstützen.

5.1 Warum ist eine alltagsorientierte Sprachförderung wichtig?

> **Reflexionsfrage:**
> Haben Sie erlebt, dass Ziele der Sprachförderung für autistische Personen nicht auf ihre Perspektive und Sinnhaftigkeit ausgerichtet waren? Wo entsprachen die Ziele der Sprachförderung nicht den individuellen Bedürfnissen der Person? Welche besseren Ziele hätten gesetzt werden können?

Sprachförderung und Sprachtherapie sind nicht ganz das gleiche. Der folgende Kasten führt die Unterschiede zwischen den Begriffen auf. Es gibt sehr viele verschiedene Definitionen dieser Begriffe. Wir arbeiten in den folgenden Kapiteln mit diesen.

Sprachförderung oder Sprachtherapie?

Sprachförderung: Sprachförderung kann von pädagogischen Fachkräften wie Lehrern, Sprachtherapeuten, Erziehern oder auch privaten Personen durchgeführt werden. Die Methoden sind etwas breiter angelegt. Das Vorgehen beruht nicht auf einer genauen Diagnostik, sondern eher auf Einschätzungen aus dem Alltag. Wenn auch Sprachtherapie stattfindet, sollten die sprachtherapeutische Ziele im Alltag der Sprachförderung eine Rolle spielen.

Sprachtherapie: Sprachtherapie wird typischerweise von ausgebildeten und zertifizierten Logopäden oder Sprachtherapeuten (z. B. auch Patholinguistinnen) durchgeführt, die über spezifische Kenntnisse und Fähigkeiten zur Behandlung von Sprachstörungen verfügen. Die Sprachtherapie ist sehr individuell und spezifisch passend zu der vorausgegangenen Diagnostik.

Sprachförderung und Sprachtherapie sollten ineinandergreifen. Die beteiligten Personen sollten einen engen Austausch pflegen.

Für autistische Menschen steht im Zentrum der Sprachentwicklung häufig, Sprache und Kommunikation überhaupt als etwas Nützliches zu erkennen. Die Erkenntnis, dass Sprache etwas bringt, ist häufig überhaupt erst der Motor für das Sprechen und Interagieren. Hier liegt auch der Motor für das Generalisieren. Wenn Lucy merkt, dass die Kurzform für »nochmal« (in ihrem Fall »nomma!«) dazu führt, dass sie etwas nochmal bekommt oder nochmal machen darf (oder dass der Einzelfallhelfer das lustige Gesicht nochmal macht), wird sie diese Aufforderung in einer Vielzahl von Situationen und mit vielen verschiedenen Kommunikations-Partnern nutzen. Sie merkt, dass sie dadurch Situationen verändern und etwas Erwünschtes herbeiführen kann. Und Sie erkennt, dass sie die Dynamik der Beziehung zu einer anderen Person beeinflussen kann. Lucy erlebt durch Sprache Selbstwirksamkeit und ein Gefühl der Kontrolle.

In der Sprachanbahnung und Sprachförderung mit autistischen Menschen ist es also wichtig, viele alltägliche Situationen zu entwickeln, in denen Sprache (oder andere Kommunikationsformen) genutzt werden kann und sich die Person als wirksam erleben kann. Auch bei weiterführenden Themen stellt sich stets die Frage: Was hat die autistische Person davon? Besonders deutlich wird diese Frage bei Höflichkeitsformen, dem Begrüßen und Verabschieden oder dem Bescheid-Sagen, wenn die Person zur Toilette geht. Ebenfalls, wenn es um das deutliche Sprechen oder die Intonation geht. Was hat die autistische Person davon und wie kann ich Erfahrungen entwickeln, in denen dies für meinen Klienten erlebbar wird? Alltagsorientierung sowohl in der Sprachförderung als auch in der Sprachtherapie bezieht sich auf verschiedene Ebenen: Die Diagnostik, die Zielsetzung, die Methodik und die Evaluation.

Ebenen der Alltagsorientierung

- Diagnostik: Welche Schwierigkeiten zeigt die Person? Auf welche Ressourcen können wir aufbauen? Was wird in welchen Situationen bereits wie kom-

5.1 Warum ist eine alltagsorientierte Sprachförderung wichtig?

muniziert? In welchen Alltagssituationen gibt es Bedürfnisse, über die Kommunikation angebahnt werden könnte?
- Zielsetzung: Welche Ziele sind als nächstes realistisch? Was ist im Sinne der Person? Welche Zielerreichung ist für die Person erlebbar?
- Methodik: Welcher Kommunikationskanal kann angesprochen werden? Wie kann man unterstützen? Wo können im Alltag passende Situationen kreiert werden? Wo greifen Sprachtherapie und Sprachförderung ineinander?
- Evaluation: Wo finden Transfers in den Alltag statt? Was verändert sich dadurch?

Alltagsorientiertes, oder auch handlungsorientiertes Arbeiten, bedeutet also, dass die Förderung oder Therapie auf allen Ebenen eng mit dem Alltag der Person verknüpft ist. Es bedeutet, dass Ziele der gemeinsamen Arbeit aus dem Alltag der Person entwickelt werden und dass das Erreichen eines Ziels für die Person bedeutsame Veränderungen in deren Alltag schafft. Es bedeutet auch, dass die Erfolge der Arbeit für die Person direkt in alltäglichen Momenten spürbar und erlebbar werden. Dies hat bedeutende Auswirkungen auf die Motivation und darauf, ob die Person Gelerntes in weitere Situationen ihres Alltags überträgt. Wir werden im folgenden Kapitel konkrete Prinzipien und Methoden einer alltagsorientierten Sprachtherapie und Sprachförderung im Autismus-Spektrum entwickeln.

5.2 Prinzipien alltagsorientierter Sprachförderung: Naturalistischer Ansatz

Alltagsorientiertes Arbeiten in der Sprachförderung und Sprachtherapie wird in der Fachliteratur auch als »Naturalistischer Ansatz« bezeichnet. In diesem Begriff stecken zwei Bedeutungen von »naturalistisch« oder »natürlich«. Zum einen wird den Prozessen der natürlichen Sprachentwicklung Rechnung getragen. Die in Kapitel 3 (▶ Kap. 3) besprochenen Prozesse der Sprachentwicklung werden in die Intervention einbezogen. Dazu gehört, dass in der Sprachanbahnung keine vollständigen, grammatikalisch korrekten Sätze und noch nicht einmal korrekt artikulierte Wörter erwartet werden. Natürlich sind auch die Freude und der gemeinsame Spaß an der Interaktion und Kommunikation Motor für die Sprachentwicklung. Die andere Bedeutung des »Natürlichen« bezieht sich auf das Setting der gemeinsamen Arbeit. Es geht hier darum, dass möglichst wenig in künstlichen Lehrsettings gearbeitet wird. Die Aufgabe für die pädagogische Person ist, natürliche Settings zu entwickeln, in denen Sprache und Kommunikation eine Rolle spielen. Weitere Begriffe, die in der Fachwelt verwendet werden, sind »Handlungsorientiertes Arbeiten«, »In Vivo« und »Kontextoptimierung«.

Das Gegenteil der naturalistischen Intervention sind eingeübte Formen, die auf korrektes »schönes« Sprechen, auf Höflichkeitsformen und Vollständigkeit bestehen. Dies wird in der Fachwelt auch als »Pattern Drill« bezeichnet. Es geht da also um das Trainieren von feststehenden Mustern. Stephen Camarata und Kolleginnen (2023) erklären, dass im natürlichen Setting der Sprachentwicklung wenig Interaktionen vorkommen, in denen explizit zum Nachahmen aufgefordert wird, in denen gutes Sprechen gelobt oder sogar mit einer Süßigkeit belohnt werde. Das naturalistische Arbeiten hat den Vorzug, dass es sich an den Prozessen orientiert, die auch in der sonstigen Entwicklung wirksam sind. Dabei bedeutet das Arbeiten nach einem naturalistischen Ansatz nicht, dass man einfach nur den

5.2 Prinzipien alltagsorientierter Sprachförderung: Naturalistischer Ansatz

Alltag mit dem Klienten verbringt und dabei spricht. Es werden alltägliche Situationen aufgegriffen oder inszeniert, in denen bestimmte sprachliche Formen besonders gezielt bewusst gemacht und umgesetzt werden können. Diese Situationen haben dann aber einen Wiederholungscharakter, sind intensiver, sehr bedeutsam und haben ein sehr gezieltes Input.

Naturalistische Umsetzung: Mit Fremden sprechen
Herr S. ist dreißig Jahre alt, im Autismus-Spektrum und verfügt über einen einfachen, alltagsfunktionalen Wortschatz und eine alltagsfunktionale Grammatik. Er lebt in einer betreuten Wohngemeinschaft. Herr S. kann mit seinen Mitbewohnern gut kommunizieren. Schwierigkeiten treten immer dann auf, wenn er mit Fremden sprechen will. Dann verhaspelt er sich und scheint einzufrieren. Seine Frustration ist in diesen Situationen sehr groß. Herr S. möchte mit Hilfe der Heilerziehungspflegerin Sabine in seiner Wohngruppe an seiner Kommunikation arbeiten. Gemeinsam wurden verschiedene Situationen entworfen, in denen Herr S. üben kann, mit Fremden zu sprechen:

Tierhandlung: Herr S. interessiert sich sehr für Tiere. Gegenüber dem Zentrum ist eine Tierhandlung, deren Mitarbeiter sehr freundlich sind. Herr S. liebt kleine Ausflüge zu dieser Tierhandlung. Er hat eine Menge Fragen zu den Tieren, die er sich gemeinsam mit Sabine vorher überlegt. In der Tierhandlung unterstützt sie Herrn S. beim Stellen seiner Fragen. Herr S. hat die Erfahrung gemacht, dass er ein Gespräch gut mit »Entschuldigung, eine Frage...« einleiten kann. Eine Standardformulierung zu haben, gibt ihm Sicherheit.

Batterien: Herr S. liebt das Taschenradio im Dienstzimmer der WG. Er holt es sich gern ab, um auf dem Balkon Musik zu hören. Ab und zu sind die Batterien aber leer oder gar nicht im Radio. Herr S. kennt das schon. Er weiß: Irgendwer im Gebäude hat

> immer Batterien. Gemeinsam mit Sabine spricht er verschiedene Kolleginnen und Kollegen an und fragt nach Batterien. Heute hat keiner Batterien. Er geht zum Kiosk nebenan. Er beginnt mit »Entschuldigung, eine Frage...«. Als der Kioskbesitzer ihm am Ende gegen ein paar Euro Batterien über den Verkaufstisch gibt, grinst Herr S. triumphierend und setzt das Radio in Gang. Herr S. hätte die Batterien auch beim Supermarkt kaufen können, aber er geht extra zum Kiosk, denn er will ja üben.

Sowohl bei Herrn S. als auch bei Lucy wird deutlich: Sprachförderung im naturalistischen Setting ist kein Unterricht. Einem Außenstehenden wird es vielleicht so vorkommen, als werde hier nicht konzentriert gearbeitet. »Da wird nur gespielt« oder »Wann beginnen Sie, strukturiert zu arbeiten?« wird häufig gefragt. Dabei ist es durchaus so, dass die Fachkraft auf der Suche nach geeigneten Zielen oder passenden Situationen einige Zeit für Beobachtungen benötigt. Nur wenn das Verhalten, die Motivatoren und eventuelle Schwierigkeiten des Klienten in Alltagssituationen genau beobachtet wurden, können passende Ziele und Situationen entworfen werden.

Reflexionsfrage:
Manchmal wird Eltern autistischer Kinder geraten, eine Sprachtherapie mit ihrem Kind könne erst beginnen, wenn dieses aufpassen und am Tisch sitzen könne. Was spricht beim handlungsorientierten Ansatz gegen diese Aussage?

Am Beispiel von Herrn S. wird deutlich: Manchmal bedarf es weiterer Personen, die in die alltäglichen Situationen eingebunden werden. Diese können pädagogische Fachpersonen sein, aber auch Menschen aus der Nachbarschaft oder dem sonstigen Umfeld, mit deren Kooperation und sozialer Kompetenz zu rechnen ist. Sofern das Arbeiten im Alltag im eigenen pädagogischen Team stattfindet, sind Kolleginnen und Kollegen vermutlich instruiert und wissen, worum es geht. Die Interaktionen mit den Mitarbeitern der Tierhandlung

5.2 Prinzipien alltagsorientierter Sprachförderung: Naturalistischer Ansatz

waren nicht vorbesprochen. Eine Kollegin geht aber ab und zu ins Geschäft und fragt, ob es weiter in Ordnung ist, dass sie und die Bewohner der WG sich dort etwas länger aufhalten, ohne etwas zu kaufen. In der Vorbereitung dessen, was Herr S. die Mitarbeiter der Tierhandlung fragt, geht es nicht darum, dass er vollständige und korrekte Sätze bildet oder eine einwandfreie Aussprache hat. Es geht darum, dass er verstanden wird und zufrieden mit seinen Interaktionen ist. Das Grundproblem war, dass Herr S. im Kontakt mit Fremden oft »einfror«. Daher geht es auch nicht explizit um Höflichkeitsformen. Es geht darum, mit Herrn S. Formen der Kommunikation und eventuelle Unterstützungsmöglichkeiten zu finden, mit denen er sich sicher fühlt. Dies können Notizen sein, auf die er zurückgreift, oder eine Standardformulierung, mit der er das Gespräch stets beginnt. Hier können Höflichkeitsformen durchaus eine Rolle als Eisbrecher spielen.

Merke: Die Floskel »Entschuldigung – eine Frage« wird mit Herrn S. in diesem Fall also nicht verwendet, damit er es anderen recht macht. Sie wird in diesem Setting verwendet, damit er eine Sicherheit entwickelt, wie er in den meisten Fällen souverän in den Kontakt gehen kann.

Aus den beiden Beispielen wird deutlich: Naturalistische Interventionen in der Sprachförderung ordnen sich keinem standardisierten Schema unter, sondern folgen der Dynamik echter Interaktionen. Dabei orientieren sich die Ziele an den Bedürfnissen des Klienten und die sprachliche oder kommunikative Form an der Funktionalität im Alltag (statt an der Korrektheit).

> **Prinzipien naturalistischer Interventionen**
>
> - Ziele orientieren sich an Bedürfnissen des Klienten
> - Sprachliche Funktionalität anstelle korrekter Form
> - Erkennbarkeit der eigenen Wirksamkeit
> - Erfolgserlebnisse schaffen
> - Einbezug der individuellen Interessen

- Freude und Spaß als Motor für die Entwicklung
- Arbeitssetting und gemeinsamer Alltag sind verwoben
- Freie Zeiten für Beobachtung und Zielfindung zulassen

5.3 Sprachanbahnung: Über die Handlung in die Sprache

Viele Kinder im Autismus-Spektrum entwickeln im Kleinkindalter zuerst keine verbale Sprache. Dies kann bedeuten, dass ein Kind tatsächlich keine Laute oder Worte äußert, die auf etwas hinweisen. Es kann aber auch sein, dass ein Kind zwar Laute und sogar Worte oder Phrasen äußert, diese aber noch nicht erkennbar zur Kommunikation benutzt. Wenn ein autistisches Kind nicht in die funktionale Sprache kommt, können Methoden der verbalen Sprachanbahnung helfen. Außerdem ist denkbar, Unterstützte Kommunikation (▶ Kap. 6) anzuwenden.

In der verbalen Sprachanbahnung werden die Methode der Kontextoptiminierung und verhaltenstherapeutisch orientierte Methoden genutzt. Kontextoptimierung heißt, dass man Situationen schafft, die ein bestimmtes Ziel oder ein spezifisches soziales oder sprachliches Input mit sich bringen. Die naturalistische Methode ist heute wissenschaftlich als wirksam anerkannt (AWMF 2021). Autistische Menschen werden hier in ihrer Persönlichkeit, ihren Emotionen und ihrer Motivation wertgeschätzt. Das Arbeiten in Alltagssituationen ermöglicht ein wirkliches Verstehen der Kommunikation über Sprache. Die autistische Person erwirbt das kommunikative Zielverhalten direkt in echten Situationen und Interaktionen, in denen sie es nutzen kann.

Um erste gezielte kommunikative Äußerungen zu erreichen, sollte stets der Entwicklungsstand beachtet werden. Welche kommunikative Äußerung kann jemand bereits leisten? Was ist stimulierbar? Direkt beim Sprechen oder Nachsprechen von Wörtern anzusetzen, kann eine Überforderung darstellen, die die Kompetenzen einer Person übersteigt und ihre Motivation, in Kontakt zu treten, hemmt. Damit ist ein kommunikativer Austausch durch die Überforderung blockiert. Gerade bei Menschen, die noch gar nicht sprechen, sollte an vorsprachlichen Ausdrucksformen (Blickkontakt, Hinwendung, Gesten) angesetzt werden. Bezogen auf die ersten Interaktionen sollten erreichbare Nahziele festgelegt werden. Das geht nur durch genaue Beobachtungen: Was ist bereits stimulierbar? Was ist erreichbar entsprechend den nächsten Entwicklungsschritten?

Generell geht es im natürlichen Format mit Kindern zuerst einmal darum, die Spielthemen (auch, wenn es sich um stereotypes Spiel handelt) und weitere individuelle Bedürfnisse des Kindes im Alltag zu erkennen. Zu wissen, dass Lucy liebend gern mit dem Wasserhahn spielt und möchte, dass er so weit aufgedreht wird, dass es spritzt, ist eine gute Grundlage. Wenn Jonas am liebsten mit Holzklötzen baut und es ihm wichtig ist, dass niemand anders in seinem Gebauten mitmischt, ist dies ebenfalls eine wichtige Erkenntnis. Bei Lucy könnte mit dem Steigern des Wasserstrahls ein gemeinsamer Fokus gebildet werden. Lucy kann sich als kommunikativ wirksam erleben, wenn die erwachsene Person auf einen Blick oder einen Laut hin mehr Wasser fließen lässt. Timo könnte sein Gegenüber als hilfreich erleben, wenn es ihm weitere Bauklötze gibt. Er kann sich kommunikativ als erfolgreich erleben, wenn die Person ihre Hände auf einen Blick oder ein Lautieren von seinem Gebauten entfernt.

Mögliche Kernthemen in der naturalistischen Sprachanbahnung (Hampton et al. 2020, 78)

- Modellierung geteilter Aufmerksamkeit
- Dem momentanen Interesse des Kindes folgen und hier eine gemeinsame Beteiligung oder gemeinsames Handeln erreichen
- Variationen zu neuen Spielideen einfügen
- Erweiterung von Sprache und Spiel

- Herstellen von Gelegenheiten für Blickkontakt, geteilte Aufmerksamkeit sowie Gelegenheiten zum Zeigen und Hergeben herstellen und nutzen

Wir haben besprochen, dass das autistische Kind neue kommunikative Fertigkeiten in natürlichen Spiel- und Handlungssituationen erlernt. Ziel ist, dass es die in die Handlung eingebetteten kommunikativen Akte versteht, als bedeutsam empfindet und generalisieren kann. Als Erwachsene folgen wir dem Interesse und dem Aufmerksamkeitsfokus des autistischen Kindes. Das hat auch für die Wahrnehmung und die Reizverarbeitung des Kindes einige Vorteile: Es fällt dem Kind bei einer selbst gewählten Tätigkeit leichter, einen Fokus zu bilden. Es kann in diesem Fokus irrelevante Stimuli ausblenden. Die aktuelle Handlung ist für das Kind bedeutsam. Das bedeutet auch, dass die damit zusammenhängende Interaktion bedeutsam ist. Die vom Kind gewählte Spielhandlung (eben auch stereotypes Spiel) wird vom Erwachsenen aufgegriffen, leicht variiert und ergänzt. In die gemeinsamen Spielhandlungen werden kommunikative Situationen eingebaut. Das kann dadurch geschehen, dass das Kind einzelne Gegenstände oder Handlungen einfordert. Hier werden zum Beispiel Spielzeuge oder Bausteine, die aus der Tasche geholt werden sollen, verlangt. Es kann aber auch um eine Handlung gehen. Etwas, das »nochmal!« wiederholt werden soll, wie zum Beispiel das Drehen auf einem Bürostuhl. Ins Spiel können minimale Barrieren eingebaut werden, die das Kind kommunikativ beheben kann. Beim Spiel mit der Eisenbahn könnte zum Beispiel eine Hand, die zur Schranke wird, mit »weg!«, einem Laut oder einem Blickkontakt beseitigt werden. Wichtig ist, dass es lustbetont bleibt. Die Barriere sollte minimal und schnell behebbar sein.

Der Aufbau kommunikativen Verhaltens findet hier über Verstärkung statt. Es erfolgt aber eben keine Verstärkung im Sinne einer Belohnung von außen, sondern es erfolgt eine angenehme Konsequenz im Handeln selbst. Wenn durch ein Kind, das bereits echoliert, die Worte »weg«, »mehr« oder »Stein« genutzt werden, stehen die Konsequenzen der Kommunikation inhaltlich und situativ im Zusammenhang mit dem Gesagten. Sagt das Kind »rum« oder »nochmal«, wird es im Bürostuhl nochmals herumgedreht. Das Kind versteht die Bedeutung des gesagten Wortes und ist motiviert, das Wort nochmal zu benutzen.

> **Verstärkung in der Sprachanbahnung**
>
> - Positive Verstärkung: Auf ein Verhalten folgt ein angenehmer Reiz. Dies stabilisiert das Verhalten. Die Person merkt, dass sie mit dem Verhalten wirksam war.
> - Negative Verstärkung: Ein unangenehmer Reiz bzw. eine Barriere wird auf das Verhalten hin entfernt. Auch hier: Die Person merkt, dass sie mit dem Verhalten wirksam war.
>
> Das Arbeiten mit diesen Methoden soll kein »Dressieren« auf ein Zielverhalten hin darstellen. Es soll einer Person vielmehr in einem sehr überschaubaren Rahmen erlebbar machen, dass ihre Kommunikationsversuche wirksam sind und sie eine höhere Kontrolle über die Situation hat.

In einer Studie von Alzrayer und Kollegen (2021) zur Arbeit an verbalen Bedürfnisäußerungen mit einem natürlichen Lernformat bei nichtsprechenden autistischen Kindern konnte für alle Kinder ein deutlicher Zuwachs an Lautierungen nachgewiesen werden. Als besonders wichtig für die Erfolge betonten die Autoren die Motivation des Kindes, mit anderen zu interagieren.

> **Motivation in der Sprachanbahnung (Alzrayer u. a. 2021)**
>
> - Die Kommunikation und Interaktion in der Spielhandlung ist für das Kind durchgehend handhabbar. Die kommunikativen Anforderungen an das Kind sind realistisch und das Kind

kommt mit einer Bedürfnisäußerung sehr schnell zum Ziel. Daher ist es wichtig, dass eine kommunikative Äußerung als Ziel gesetzt wird, die das Kind bereits erbringen kann. Im Falle von eingebauten Barrieren ist es wichtig, dass das Kind die Barriere über ein Signal sehr schnell beheben kann.
- Die gemeinsame Beschäftigung steht im Fokus des Interesses des Kindes. Die Anforderungen an die Aufmerksamkeit entsprechen dem, was das Kind kann. Bei einer kurzen Aufmerksamkeitsspanne wird über sehr kurze, sich oft wiederholende Interaktionen gearbeitet.
- Die Interaktionen finden in sich wiederholenden Routinen statt. Das Kind kann so Handlungen und Interaktionen vorausahnen und fühlt sich sicher. Nach und nach kommen neue Routinen ins Spiel.

Weitere wichtige Kernelemente der gemeinsamen Arbeit sind, zeitliche Verzögerungen in die gemeinsamen Spielhandlungen einzubauen sowie ritualisierte Phrasen zu verwenden, die Spannung aufbauen. Das kann zum Beispiel das Einzählen sein: »Eins, zwei, drei – LOS!« oder das Auskosten gemeinsamer Spannungsmomente (z. B. der Moment, bevor der gebaute Turm einstürzt oder bevor das Aufziehauto losflitzt). Die erwachsene Person zeigt dabei besonders starken Ausdruck in Mimik, Gestik, Körpersprache und Stimme.

Damit auch im sonstigen Alltag ähnliche Situationen für den Aufbau von Interaktion und Kommunikation genutzt werden können, ist ein kontinuierliches Einbeziehen der Eltern und anderer Bezugspersonen wichtig. Besonders förderlich ist es hier natürlich, wenn die Personen selbst beobachtend dabei sein können oder wenn es kurze Filmaufnahmen gibt, die gemeinsam besprochen werden können. Die Fachperson sollte Eltern in positiven Interaktionen während des Spiels mit ihren Kindern und in sprachlichen Modellierungsstrategien unterstützen. Hierzu gehört auch das genaue Beobachten, wann eine geteilte Aufmerksamkeit stattfindet, wo das Kind auf kommunikative Rituale einsteigt, sowie eine gesteigerte

5.3 Sprachanbahnung: Über die Handlung in die Sprache

Aufmerksamkeit und Empfänglichkeit für die Interessen und Spielhandlungen des Kindes. Strategien, wie Aufforderungen und Fragen, oder Lehrstrategien mit Material, das nicht im Interessensfokus des Kindes steht, sollten weniger genutzt werden. Diese direktiven Strategien ermöglichen dem Kind nicht, seine Ressourcen auf bestmögliche Art einzusetzen. Sie steigern die Motivation des autistischen Kindes zur Interaktion meist nicht und können dazu beitragen, dass das Kind sich unter Druck erlebt. Auch ein Überfordern mit dem Stimulieren von Interaktionen über den gesamten Tag sollte vermieden werden. »Ich nutze die goldenen Momente am Tag«, sagt Lucys Einzelfallhelfer. Damit meint er einzelne Momente, in denen Lucy aufnahmebereit ist. Für viele Kinder ist es anstrengend, sprachlich (oder nichtsprachlich) im Kontakt mit einer Person zu sein. Die Motivation des Kindes, Ressourcen für die Interaktion mit einem Gegenüber aufzubringen, ist ein Balanceakt zwischen Wiederholung und Ruhephasen.

> **Reflexion:**
> Haben Sie bereits erlebt, dass die Anwendung von verstärkungsbasierten Methoden dazu führt, dass Kinder in einer Weise trainiert oder dressiert werden, die nicht wirklich zu ihren Bedürfnissen oder ihrer Freude passt? Was war Ihre Erfahrung damit? Wenn Sie dies nicht erlebt haben, können Sie sich Situationen vorstellen, in denen dies passieren könnte?

Zum Weiterlesen

Snippe, Kristin (2016): Spielorientierte Sprachtherapie bei Autismus. Eine ressourcenorientierte Methode für die Sprachanbahnung. In: Forum Logopädie 1 (30), S. 12–15.

Snippe, Kristin (2023): Verbale Sprachanbahnung bei Autismus. In: Lindmeier, C., Sallat, S., & Ehrenberg, K. (Hrsg), Sprache und Kommunikation bei Autismus. Stuttgart: Kohlhammer

Quellen

AWMF Arbeitsgemeinschaft der wissenschaftlichen medizinischen Fachgesellschaften (2021): Autismus-Spektrum-Störungen im Jugend- und Kindesalter. Teil 2: Therapie. Internationale S3-Leitlinie der DGKJP und DGPPN sowie der beteiligten Fachgesellschaften, Berufsverbände und beteiligten Patientenorganisationen. https://www.awmf.org/uploads/tx_szleitlinien/028-047k_S3_Autismus-Spektrum-Stoerungen-Kindes-Jugend-Erwachsenenalter-Therapie_2021-05.pdf

Alzrayer, N., Aldabas, R., Alhossein, A., & Alharthi, H. (2021): Naturalistic teaching approach to develop spontaneous vocalizations and augmented communication in children with autism spectrum disorder. *Augmentative and Alternative Communication* 37(1), 14–24. https://doi.org/10.1080/07434618.2021.1881825

Camarata, S., Stiles, S., & Birer, S. (2024): Naturalistic Developmental Behavioral Interventions for Developmental Language Disorder. *American Journal of Speech-Language Pathology*, 1–15. https://doi.org/10.1044/2023_AJSLP-23-00116

Schreibman, L., Dawson, G., Stahmer, A. C., Landa, R., Rogers, S. J., McGee, G. G., Kasari, C., Ingersoll, B., Kaiser, A. P., Bruinsma, Y., McNerney, E., Wetherby, A., & Halladay, A. (2015): Naturalistic Developmental Behavioral Interventions: Empirically Validated Treatments for Autism Spectrum Disorder. *Journal of Autism and Developmental Disorders* 45(8), 2411–2428. https://doi.org/10.1007/s10803-015-2407-8

5.4 Genauer und komplexer: Wortschatz und Grammatik

Wenn wir autistische Menschen auf ihrem Weg in die Sprache begleiten, geht es meist darum, dass sie den Nutzen von Sprache erkennen. Sobald hier die ersten Aha-Momente gekommen sind, geht es aber um noch mehr. Wir wollen weitere Möglichkeiten eröffnen. Möglichkeiten sich mitzuteilen, sich verständlich zu machen und Spaß mit Sprache zu erleben. Eine der größten Barrieren unserer

5.4 Genauer und komplexer: Wortschatz und Grammatik

Ausdrucksmöglichkeiten ist, wenn wir für das, was wir ausdrücken möchten, keine Wörter haben. In der Sprachförderung spricht man beim Erlernen weiterer Wörter von Wortschatzarbeit. Man erarbeitet in der Sprachanbahnung eine Art Grundwortschatz. Dieser ermöglicht einer Person, sich im Alltag auszudrücken. Diese Idee des Grundwortschatzes wird häufig missverstanden. Wir gehen davon aus, dass zum Beispiel alle Kinder bestimmte gleiche Wörter kennen müssten, damit sie in ihrer Kinderwelt kindgemäße Dinge ausdrücken können. Dazu gehören Dinge des Haushalts, Möbel, Spielzeuge, Tiernamen und bestimmte Verben und Präpositionen. Sprachentwicklungstests prüfen genau diese Dinge ab, um zu bestimmen, ob ein Kind einen altersgemäß entwickelten Wortschatz hat.

Was aber, wenn ein autistisches Kind die Möbel und Tiere in seinem Leben nicht mit Interesse wahrnimmt? Was, wenn diese Dinge für dieses Kind nicht wichtig sind? Was ist, wenn es eine große Begeisterung für Plastikflaschen entwickelt hat? Justus unterscheidet die durchsichtigen von den blickdichten Flaschen und begeistert sich für verschiedene Verschlüsse, Trinkventile und die Formen dieser Flaschen. Was bringt es Justus dann, dass ich mit ihm die Namen von zehn Bauernhoftieren eingeübt habe? Wenn wir in der Arbeit mit autistischen Menschen von »Grundwortschatz« sprechen, ergibt es Sinn, dass wir hier einen sehr individuellen Grundwortschatz meinen. Wir fokussieren auf die Inhalte, die diesen einen Menschen zum Sprechen und seine Augen zum Funkeln bringen. Bei Justus sind dies Plastikflaschen und alle Begriffe um dieses Thema herum.

> **Beispiel: Wortschatzarbeit am Thema »Plastikflaschen«**
> Der Grundwortschatz für Justus, der sich für Plastikflaschen begeistert, könnte einige der folgenden Begriffe beinhalten:
>
> - auf/zu, voll/leer, heile/kaputt, mehr
> - Wasser
> - trinken, schütteln, aufmachen

- Shampoo, Duschgel, Öl, Sportflasche
- Deckel, Schraubverschluss, Plopp-Deckel, Twist-off

Das Ziel der Spracharbeit ist, dass Justus nicht das Gefühl hat, dass er sprechen soll, sondern, dass er sprechen will. Hier ist ein Spezialthema, das ihn besonders interessiert, Gold wert. Der Austausch über dieses Thema schafft eine eigene innewohnende (intrinsische) Motivation und gibt der Sprachentwicklung einen Motor. Die Lust, sich mit mir über sein Thema austauschen zu können, wird zu mehr Themen und zu mehr Sprache führen. Justus erlebt Sprache als Teil seiner selbst, weil sie ihn in seinem Thema beflügelt. Während der gemeinsamen Arbeit können ihm rund um sein Thema weitere Wörter, Wortarten und thematische Wortgruppen angeboten werden. Justus hat zuerst »auf« und »Wasser« gesagt. Ein Jahr später blättert er mit seiner Sprachtherapeutin durch Einkaufsprospekte, sie schneiden Abbildungen von Plastikflaschen aus und kleben diese in ein Buch. Sie überlegen zusammen, wo welche Flasche hingehört, wie sich die Flaschen gruppieren lassen. Sie beschäftigen sich mit den Begriffen »kaputt« und »heile«, wenn die Therapeutin ihm eine Menge leerer Trinkflaschen mit verschiedenen Verschlüssen mitbringt. Justus macht erste Schritte in die Schriftsprachentwicklung, weil ihm wichtig ist, die Markennamen auf den Flaschen lesen zu können. Schließlich spricht er auch die Kinder in der Frühstückspause auf deren Flaschen an, und bald weiß jeder: Mit Justus kann man über Flaschen sprechen. Es braucht bei Therapeutinnen, Pädagogen und Eltern Mut, sich dem vielleicht unkonventionellen Thema einer autistischen Person anzuschließen. Es wird zu oft davon ausgegangen, dass man in der Förderung »den Autismus wegmachen soll«. Das hieße, die Person von einem solchen Thema wegzulenken hin zu allgemein anerkannteren und konventionelleren Themen. »Wenn wir bei seinem Thema mitmachen, dann wird er ja noch autistischer«, ist manchmal die Befürchtung. Damit haben wir aber das Prinzip Neurodiversität nicht anerkannt (▶ Kap. 4.4 »Ziele«). Und wir verpassen einen Entwicklungsmotor, den diese Person bereits in sich trägt. Indem wir uns an sein Thema anschließen, zerren wir Justus nicht in ein neurotypisches Sein, sondern respektieren sein Autistisch-Sein. Justus wollte sich über sein Spezialthema im Laufe der Zeit immer genauer ausdrücken. Er stellte Fragen und begann, sein Thema im Internet zu recherchieren. Nach zwei Jahren wechselte er zur Überraschung aller Erwachsener in seinem Umfeld sein Thema und begeisterte sich für die nächste Zeit leidenschaftlich für Schleusen.

Bei Justus sind aus dem Zuwachs an Wörtern die ersten Sätze entstanden. Auch hier steht der Wille, sich mitteilen zu wollen, im Zentrum. Wenn Menschen im Autismus-Spektrum am Anfang des Sprechens stehen und bereits einige Dinge nachsprechen können, werden sie oft dazu bewegt, Sätze nach der Vorstellung ihres Umfeldes nachzusprechen. Die Idee ist hier, dass die Person ja korrekte Sätze sprechen können soll. Von dem ausgehend, was wir über Echolalien und die eingeschränkte Analyse von Sprache gelernt haben, müssen wir unsere Strategien hier aber kritisch hinterfragen. Dass jemand einen Satz nachspricht oder auswendig gelernt hat, heißt nicht, dass er Grammatik aufbaut. Der Zielsatz kann als ein Wort (»möchtestdunochnudeln?«) abgespeichert sein. Und: Einige grammatisch korrekte und höfliche Sätze auswendig zu wissen, gibt einer Person oft keine weitere Handlungsmacht in Sachen Sprache. In der Sprachentwicklung kleiner Kinder kommen vor den ersten Sätzen erste Wortkombinationen. Solche Kombinationen »Papa Hund!« oder »Mama Auto?« müssen vom Gegenüber noch stark interpretiert und auf den Kontext bezogen werden. Diese Kombinationen lassen die sprechende Person aber nicht nur die Macht der Sprache erkennen, sondern auch lernen, wo sie sich genauer ausdrücken sollte. Wenn Justus »auf!« sagt und seine Therapeutin den Stöpsel vom Waschbecken löst, statt ihm die Flasche aufzudrehen, ist ein Missverständnis aufgetreten. Sie entgegnet seinem kritischen Blick: »Auf! Abfluss auf!« und blickt dann auch kritisch: »Oder Flasche auf? Flasche auf?«. Justus hat jetzt die Möglichkeit, über den Kontrast zu lernen. Wichtig ist, dass diese inszenierten Missverständnisse schnell behebbar sind und die Arbeit spaßig und lustbetont bleibt. Justus soll sich als erfolgreich erleben. Er gelangt über Wortkombinationen zu Sätzen: »Flasche auch auf!« – bald kann er sagen, dass alle Flaschen geöffnet werden sollen. Man sieht: Es geht hier nicht um vollständige Sätze, korrekte Grammatik oder Höflichkeitsformen. Das alles kommt, wenn es Ziel der gemeinsamen Arbeit werden sollte, sehr viel später.

Die pädagogische Aussage »Mir sind flexible Zweiwortäußerungen bei Justus sehr viel lieber als drei auswendig gelernte korrekte Sätze!« mag sich zuerst seltsam anhören. Den Hintergrund bilden aber die Themen Motivation und Selbstbestimmung.

Wenn der geräuschempfindliche Juri während der Sprachtherapie plötzlich kritisch zur Sprachtherapeutin blickt und sagt »Snippe leise!«, dann ist dies eine Aufforderung, die ihm niemand so beigebracht hat. Er bringt selbst die Wörter zusammen, die er benötigt, um seiner Therapeutin zu sagen, dass sie gerade unerträglich laut spricht. Er ist durch die flexible Kombination zweier Wörter in der Lage, seine Bedürfnisse zu vertreten. Im therapeutischen Rahmen wird dies dann bestätigt: »Oh! Ok, Snippe leise. Ich bin jetzt leise.«

Weder seine Lehrer noch seine Therapeutin oder die Eltern wären auf die Idee gekommen, ihm dies als Satz beizubringen. Juri selbst hat gesprochen.

5.5 Klar gesagt: Artikulation und Lautbildung

Jeder Mensch spricht die Wörter seiner Sprache ein klein wenig unterschiedlich aus. Das hat damit zu tun, wie und wo wir aufgewachsen sind, aber auch damit, was wir über unser Sprechen ausdrücken wollen. Unsere Artikulation hängt außerdem davon ab, wie beweglich unsere Muskulatur im Mundbereich ist und welche Spannung die Muskeln haben. Sind sie so angespannt, dass der Kiefer sich beim Sprechen nur wenig öffnet? Oder sind sie so unterspannt, dass die einzelnen Sprachlaute nur undeutlich ausgesprochen werden? Neben der Muskulatur spielt auch eine Rolle, ob Zunge und Gaumen alle Berührungsreize genau wahrnehmen können (Sensorik). Und schließlich ist es für manche Laute wichtig, wohin die Luft beim Sprechen geleitet wird – eher durch den Mund oder eher durch die Nase? Entweicht die Luft zu stark durch die Nase, kann es passieren, dass eine Vielzahl an Lauten sehr undeutlich ausgesprochen werden und der Sprechende kaum verständlich ist (»offenes Näseln«). Neben diesen Faktoren ist außerdem wichtig, wie gut ein Mensch hört und die gehörten Laute unterscheidet. Wir erkennen schnell: Für Auffälligkeiten in der Artikulation kann es eine Vielzahl an Gründen geben.

Artikulation und Mundmotorik – wichtige Faktoren

- Beweglichkeit der orofazialen Muskulatur
- Spannung (Tonus) der orofazialen Muskulatur
- Luftstromlenkung
- Sensorische Wahrnehmung
- Auditive Wahrnehmung
- Individuelle Faktoren der Herkunft

Die Artikulation, also die korrekte Aussprache von Lauten und Wörtern, spielt eine entscheidende Rolle beim Sprechen und Verstandenwerden. Camille Wyn und Kolleginnen (2021) fanden heraus, dass autistische Menschen (Kinder und Erwachsene) tendenziell eine weniger klare Artikulation aufweisen. Eine weniger klare Artikulation muss jedoch nicht zwingend ein Grund zur Förderung oder gar Therapie sein. Es ist nicht unbedingt erforderlich, dass die Aussprache vom Umfeld als »schön« empfunden wird, solange die Verständlichkeit nicht beeinträchtigt ist. Die Notwendigkeit zur Verbesserung der Artikulation hängt gerade bei erwachsenen Personen auch davon ab, ob die betroffene Person selbst den Wunsch danach äußert. Es gibt jedoch Situationen, in denen Schwierigkeiten bei der Aussprache die Verständlichkeit erheblich beeinträchtigen.

Personen, die so stark beeinträchtigt sind, dass ihre Mitmenschen sie kaum verstehen können, erleben wiederholte Frustrationen und haben Schwierigkeiten in der effektiven Kommunikation. Ein weiterer Aspekt sind Ausspracheschwierigkeiten, die das Bilden von Sprachlauten so erschweren, dass die Person Laute und Wörter generell nur mit großer Anstrengung oder nahezu gar nicht formen kann. In solchen Fällen spricht man von »Dyspraxien«. Diese werden am Ende des Kapitels besprochen.

Generelle Ansätze der Förderung der Artikulation beinhalten häufig mundmotorische Übungen, Übungen zur Sensorik und Wahrnehmung und das Üben mit bestimmten Zielwörtern. Diese können zum Beispiel bei Weinrich und Zehner (2017) nachgelesen werden. Bei Struck und Mols (2002) gibt es eine gute Übersicht von Übungen für die »Sprechwerkzeuge«. Generell ist es bei der Arbeit an der Artikulation immer sinnvoll, logopädische Fachpersonen maßgeblich zu involvieren. Diese können wirksame Methoden und passende Ideen für die alltägliche Sprachförderung einbringen und abschätzen, was effektiv oder überfordernd ist.

Im Hinblick auf das Thema Autismus sollten bei der Arbeit an der Artikulation verschiedene Aspekte beachtet werden: Es kann zum Beispiel sein, dass ein autistischer Mensch das reine Üben als sinnlos empfindet. Ein genaues Erklären kann da helfen, ebenfalls das Einbinden von Spezialinteressen. Während der sechsjährige Marcel sich kaum darauf einlassen konnte, Übungen für die Zungen- und Lippenmotorik zu machen, zeigte er große Begeisterung, wenn ihm diese mit Bildkarten seines Lieblingshelden »Sponge Bob« angeboten wurden. Auch das Arbeiten mit dem Spiegel, der bei mundmotorischen Übungen oft zur Hilfe genommen wird, könnte bei einem autistischen Menschen zu Irritation oder Ablehnung führen. Es kann sein, dass Übungen, bei denen merklich etwas passiert, beliebter sind. So gibt es zum Beispiel mundmotorische »Kunststücke« wie z. B. das Balancieren eines Stiftes auf der geschürzten Oberlippe. Eine höhere Wirksamkeit wird auch bei Spielen zur Mundmotorik wie dem »Pustefußball« mit einem Wattebausch oder einem kleinen Schaumstoffball erlebt. Wichtig ist zu wissen, dass viele autistische

5.5 Klar gesagt: Artikulation und Lautbildung

Menschen eine sehr empfindliche Wahrnehmung im Mundbereich haben. Daher kann es sein, dass Marcel auf bestimmte Berührungsreize mit starker Ablehnung oder sogar Ekel reagiert. Es kommt vor, dass er beim »Spatelkampf« (Die Zunge muss einen Holzspatel zur Seite drücken) das Gefühl des Holzes nicht an seiner Zunge tolerieren kann. Möglich ist, dass er den Reiz besser verarbeiten kann, wenn er den Spatel selbst gegen die Zunge drückt oder wenn ein Spatel aus einem anderen Material verwendet wird. Es gibt heute Mundspatel aus verschiedenen Materialien und sogar in verschiedenen Farben. Chen und Kollegen (2019) schlagen das Arbeiten mit einem 3D-Tutor vor. In diesem Fall ist damit gemeint, dass ein Gesicht auf einem Bildschirm verschiedene Laute vormacht. Die Lautproduktion kann nicht nur von außen beobachtet, sondern auch mit Animationen, die den Mundinnenraum zeigen, nachvollzogen werden. Die Wissenschaftler haben hiermit gute Erfolge in der Artikulationsförderung autistischer Kinder erlebt. Diese könnte damit erklärt werden, dass die Animationen am Bildschirm als sehr attraktiv erlebt werden, dass der visuelle Wahrnehmungskanal der Kinder genutzt wird und dass die Kinder mit den Animationen ein konstantes Sprechvorbild haben (im Gegensatz zu einem Menschen, der einen Laut immer leicht unterschiedlich bildet, dabei eine andere Mimik zeigt etc.). Die autistischen Kinder waren bei der Arbeit mit dem 3D-Vorbild außerdem keinen weiteren sozialen Reizen ausgesetzt, die sich sonst durch den Blickkontakt mit dem Sprechvorbild ergeben.

Für eine gezielte Arbeit an der Artikulation sind folgende Fragen relevant: Führen die Schwierigkeiten tatsächlich zu Beeinträchtigungen im Alltag? Handelt es sich um Probleme mit der Artikulation im Allgemeinen oder möglicherweise nur bei bestimmten Lauten? Oder liegt eine Dyspraxie vor, die generell das Bilden von Sprachlauten beeinträchtigt?

> **Verbale Dyspraxie**
> Eine verbale Dyspraxie ist eine Störung der Sprachentwicklung, bei der die Fähigkeit zur Planung und Ausführung von Sprechbewegungen beeinträchtigt ist. Personen mit einer verbalen Dyspraxie haben Schwierigkeiten, willkürlich kontrollierte Bewegungen des Mundes, der Lippen, der Zunge und des Kiefers zu koordinieren, um Laute zu bilden und Wörter zu sprechen. Dies führt oft zu undeutlicher Sprache, Schwierigkeiten beim Ausdrücken von Gedanken und einem allgemeinen Mangel an verbalen Fähigkeiten, obwohl die kognitiven Fähigkeiten normal sein können.

Bei Schwierigkeiten der Artikulation, welche die Verständlichkeit oder gar das generelle Bilden von Sprachlauten erschweren, sollte unbedingt eine Fachperson aus der Logopädie hinzugezogen werden. Diese wird herausfinden, ob es sich eher um ein Problem der Lautwahrnehmung, der Muskulatur, der Sensorik oder um ein dyspraktisches Problem handelt. Zu wissen, wo genau und wie man in der Förderung der Artikulation ansetzt, kann der autistischen Person eine Menge Frustration ersparen.

Die Förderung der Artikulation bei autistischen Menschen mit einer Dypraxie erfordert Fachpersonen, die eine genaue Kenntnis in diesem Bereich erworben haben. Beiting und Maas (2021) weisen darauf hin, dass zum Thema der Dyspraxien bei autistischen Menschen noch sehr wenig wissenschaftliche Erkenntnisse vorliegen. Die Schätzungen der Zahlen der Menschen im Autismus-Spektrum, die auch von einer Dyspraxie betroffen sind, gehen weit auseinander, so dass man sich derzeit auf Schätzwerte beschränkt. Zusätzlich gibt es kaum Erkenntnisse zur Wirksamkeit verschiedener therapeutischer Methoden bei dieser Zielgruppe. Ansätze zur Behandlung von Dyspraxien neurotypischer Menschen beinhalten häufig gezielte Artikulationstrainings, das Arbeiten mit Quatschwörtern (sogenannten Neologismen), das Geben von Berührungsreizen (sogenannte taktile Hinweisreize oder Prompts), Biofeedback oder integrale Stimulation. Da bei Menschen im Autismus-Spektrum und Dyspraxien aber spezifische Besonderheiten dazukommen (z.B. Motivation, Aufmerksamkeit für visuelle, auditive und soziale Reize, sensorische Empfindlichkeit), können wir annehmen, dass die etablierten Methoden sich nicht unbedingt immer übertragen lassen. Das Arbeiten über die etablierten Trainingsmethoden, so die Wissenschaftlerinnen, kann schnell zu Frustrationen führen, wenn die Themen Motivation und Bedeutsamkeit für den Klienten nicht im Zentrum stehen. Es gibt erste Hinweise darauf, dass sich auch im Bereich der Dyspraxien im Autismus-Spektrum ein alltagsorientierter, naturalistischer Ansatz empfiehlt. Robert Koegel und seine Kollegen verglichen 1998 zwei Ansätze der Dyspraxie-Therapie bei autistischen Kindern. Eine Gruppe Kinder wurde mit einem trainingsbasierten Ansatz, der sich am Fokus und der Strukturierung durch die Fachperson orientierte, gefördert. Mit diesem Ansatz erarbeitete man zuerst Laute, dann Silben, dann Wörter. Die andere Kindergruppe erhielt eine Förderung über eine naturalistisch geprägte Methode, die den Fokus des Kindes stärker in den Vordergrund rückte und die Ziellaute an Wörtern im gemeinsamen, kindzentrierten Spiel erarbeitete. Die Wissenschaftler beobachteten beim trainingsbasierten Ansatz, dass einige autistische Kinder verstärktes auffälliges Verhalten (z.B. Vermeidung) zeigten. Der naturalistische Ansatz erreichte sowohl auf Ebene der Kooperation als auch im Bereich der Artikulation im Alltag bessere Ergebnisse.

Beiting und Maas (2021) schließen sich an diese Methodik an. Sie arbeiten mit einer kleinen Auswahl sehr auf das Kind zugeschnittener Zielwörter, die in den präferierten Spielhandlungen des Kindes eine Bedeutung haben. Es geht auch hier also darum, dass das autistische, dyspraktische Kind den Erfolg seiner Bemühungen möglichst schnell in seiner kommunikativen Wirksamkeit erlebt. Hierdurch ergibt sich eine Verstärkung im natürlichen Setting. Um die Kinder zu unterstützen, wurden Hinweisreize über Berührungen, Abbildungen und Vorsprechen genutzt. Diese wurden ebenfalls genau auf die Fähigkeiten und Fertigkeiten des Kindes angepasst. Die

Autorinnen betonen, dass es darum geht, dass die Kinder ihre Erfolge direkt erleben und die Erfahrung von Druck, Stress und Frustration minimiert wird. Um den sozialen Stress zu minimieren, wurde außerdem mit Videoaufnahmen gearbeitet. Es wurden Videos von unbekannten und dem Kind bekannten Personen (Therapeutin, Eltern, Pädagogen, Geschwister) erstellt, die bestimmte Wörter oder Laute artikulieren. Das Arbeiten mit Videos schien die Kinder zu motivieren und, zumindest bei einigen Kindern, den Stress, direkt in Blickkontakt treten zu müssen, zu reduzieren. Eine genaue Beschreibung des Vorgehens, das logopädische Fachpersonen und das pädagogische und private Umfeld der Kinder einbezog, kann bei Beiting und Maas (2021) nachgelesen werden.

Quellen

Beiting, M., & Maas, E. (2021): Autism-Centered Therapy for Childhood Apraxia of Speech (ACT4CAS): A Single-Case Experimental Design Study. *American Journal of Speech-Language Pathology, 30*(3S), 1–1541. https://doi.org/10.1044/2020_AJSLP-20-00131

Chen, F., Wang, L., Peng, G., Yan, N., & Pan, X. (2019): Development and evaluation of a 3-D virtual pronunciation tutor for children with autism spectrum disorders. *PloS One, 14*(1), e0210858–e0210858. https://doi.org/10.1371/journal.pone.0210858

Koegel, R. L., Camarata, S., Koegel, L. K., Ben-Tall, A., & Smith, A. E. (1998): Increasing speech intelligibility in children with autism. *Journal of Autism and Developmental Disorders, 28*(3), 241–251. https://doi.org/10.1023/A:1026073522897

Struck, V. & Mols, D. (2002): Das Mundwerk. Training für die Sprechwerkzeuge. Dortmund: Verlag modernes Lernen.

Weinrich, M. & Zehner, H. (2017): Phonetische und phonologische Störungen bei Kindern. Aussprachetherapie in Bewegung. Wiesbaden: Springer Verlag.

Wynn, C. J., Josephson, E. R., & Borrie, S. A. (2022): An Examination of Articulatory Precision in Autistic Children and Adults. *Journal of Speech, Language, and Hearing Research, 65*(4), 1416–1425. https://doi.org/10.1044/2021_JSLHR-21-00490

5.6 Soziale Kommunikation stärken

Menschen im Autismus-Spektrum erleben auf verschiedensten Ebenen Schwierigkeiten in der sozialen Kommunikation. Lina ist 14 Jahre alt und hat keine Probleme mit der Sprachentwicklung in Bezug auf die Aussprache oder den Wortschatz. Es fällt es ihr aber schwer, an Schulhofgesprächen teilzunehmen. Sie steht entweder still daneben oder versucht, ihre Mitschülerinnen zu imitieren. Das funktioniert manchmal gut. Es kann aber auch daneben gehen. Schwierigkeiten in der sozialen Kommunikation sind ein Kernbereich von Autismus. Dieses Thema ist also autistischen Menschen, die wenig verbale Sprache haben, und denen, deren Sprachfertigkeiten formal sehr weit entwickelt sind, gemeinsam.

> **Reflexion:**
> Wenn Sie das Buch »Schattenspringer« oder »Anders, nicht falsch« besitzen, dann schauen Sie doch einmal dort nach, welche Themen zu sozialen Situationen dort beschrieben werden. Wie kompensieren die Hauptpersonen in den Büchern ihre Schwierigkeiten?

In der Förderung der sozialen Kommunikation mit autistischen Menschen sind die Prinzipien, die wir bisher formuliert haben, besonders wichtig. Kritisiert eine Lehrkraft, dass Lina »in einigen Situationen noch immer keinen Blickkontakt aufnimmt« oder »Schwierigkeiten in Gruppenarbeiten hat«, sollte sie realistische und für Lina erstrebenswerte Ziele vor Augen haben. Es sollte nicht darum gehen, dass Lina sich »möglichst normal« verhält. Im pädagogischen Alltag wird mit Eltern in Zwischengesprächen häufig das kritisch angemerkt, was als »noch nicht normal« betrachtet wird. Wenn wir Autismus aber als lebenslange Neurodiversität anerkennen, ergibt es wenig Sinn, Förderziele nur über den Unterschied zu neurotypischen Mitschülern festzusetzen. Und ziehen wir in Betracht, dass viele autistische Menschen darüber berichten, dass das »Maskieren« sie extrem anstrengt und ausbrennt, müssen wir umso genauer schauen, was Ziele in der Förderung der sozialen Kommunikation und Interaktion sein können. Viele autistische Menschen berichten über Einsamkeit und Gefühle der Isolation. Autistische Schulkinder haben häufig weniger Freunde als neurotypische Kinder und erleben auch eine geringere Qualität von Freundschaften als Gleichaltrige (Özerk, Özerk & Silverira-Zaldivar, 2021). Für Lehrkräfte ist das Erleben dieser Kinder oft weniger zugänglich. Viele pädagogische Fachkräfte nehmen autistische Kinder als desinteressiert am Kontakt mit Gleichaltrigen wahr. Gerade die Kommunikation zwischen Kindern ist aber besonders dynamisch und für ein autistisches Kind möglicherweise fordernder als die mit einem Erwachsenen. Aus der Überforderung in der Kommunikation mit Gleichaltrigen wird von pädagogischer Seite dann oft ein generelles Desinteresse an Kontakten herausgelesen. Für die Schwierigkeiten in der sozialen Kommunikation gibt es vielfältige Gründe. Im folgenden Kasten werden einige davon genannt.

Schwierigkeiten in der sozialen Kommunikation: Hintergründe

- Theory of Mind
  Die Fähigkeit, Gedanken, Gefühle und Einstellungen anderer Personen einzuschätzen und als mögliche Ursache ihres Verhaltens zu verstehen. Daraus ergibt sich die Möglichkeit, Handlungen und Kommunikation Anderer vorhersagen, erklären oder adäquat darauf reagieren zu können. Dazu gehört auch, die eventuellen Erwartungen des Gesprächspartners an das Gespräch einzubeziehen.
- Zentrale Kohärenz
  Die Fähigkeit, verschiedene Reize aus der Umgebung in einem Zusammenhang zu sehen. Es ergibt sich die Fähigkeit, relevante Aspekte herauszufiltern und bevorzugt zu verarbeiten.

5.6 Soziale Kommunikation stärken

Ebenso das Gesamtthema eines Gesprächs zu erfassen. In diesen Bereich liegt außerdem die Fähigkeit, Umgebungsreize auszublenden, um sich auf den Kontakt zum Gesprächspartner konzentrieren zu können.

* Schnelle Verarbeitung von nonverbalen Reizen
Die schnelle Verarbeitung von Aspekten wie Mimik, Gestik und Tonfall machen uns eine zusätzliche Informationsquelle zugänglich. Hieraus ergeben sich Hinweise, wie etwas gemeint ist oder in welcher Stimmung ein Gesprächspartner ist. Werden diese Aspekte nicht im Zusammenhang mit dem Gespräch interpretiert und verarbeitet, können Missverständnisse und Ratlosigkeit zur Bedeutung von Äußerungen folgen.

Aus dieser Auflistung wird deutlich, warum auch autistische Menschen, die im Wortschatz und in der Grammatik sicher sind, trotzdem Schwierigkeiten in Gesprächen haben können. Wir befinden uns hier auf der sprachlichen Ebene der Pragmatik. Gerade diese Gruppe autistischer Menschen erlebt häufig, dass ihre Unsicherheiten nicht erkannt oder verstanden werden. Wenn Lina im Gespräch mit ihren Schulfreundinnen zu wenig auf deren Themen oder deren Befinden eingeht, wenn sie an der falschen Stelle lacht oder unpassende Bemerkungen macht, gehen viele davon aus, dass dies Ausdruck ihrer Persönlichkeit ist. Sie wurde von Mitschülern schon als arrogant bezeichnet, von Lehrkräften aber auch als schüchtern. Da Lina im Unterricht, besonders bei Sachthemen, sehr gut mitkommt, können sich die anderen nicht vorstellen, dass es ihr Probleme bereitet, auf dem Schulhof von ihrem Wochenende zu erzählen.

Um Menschen wie Lina in ihrer sozialen Kommunikation zu unterstützen, gibt es Methoden. Bevor wir aber in diese einsteigen, werden wir einen weiteren Handlungsrahmen spannen.

Zuerst sollten die Schwierigkeiten und auch die Ressourcen der Person erkannt und dokumentiert werden. Dies kann durch Beobachtung in verschiedenen kommunikativen Alltagssituationen und durch Berichte der Person selbst passieren. Auch Aussagen aus dem sozialen Umfeld können mit Zustimmung der autistischen Person zu einem differenzierten Bild beitragen. Methodisch ergeben sich zwei Arbeitsbereiche, die gleichbedeutend wichtig sind: Die Optimierung und Strukturierung herausfordernder Kommunikationssettings für die Person und die Förderung ihrer sozial-kommunikativen Fähigkeiten.

Die Optimierung und Strukturierung von Settings, in denen Kommunikation stattfindet, rückt die Mitverantwortung von pädagogischen Fachpersonen in den Fokus. Gerade im Alltag in Institutionen (Kindergarten, Schule, Hort) sind autistische Kinder häufig stark damit beschäftigt, ein überwältigendes Reizchaos zu verarbeiten. Ist es auf dem Pausenhof laut und wuselig, kommen zwischendurch Mitschüler in die Gruppe oder fliegt der Ball der Zweitklässler an ihrer Gruppe vorbei, ist es für Lina umso schwerer, sich auf das Gespräch zu konzentrieren. Eventuell ist sie sogar schon in ihrem »Schutzmodus«, in dem sie sich auf ihre Fingernägel konzentriert, die sie in ihrer Lieblingsfarbe lackiert hat. Dadurch blendet sie den Lärm, aber eben auch das Geschehen im Gespräch aus.

Es geht also im ersten Schritt darum, dem autistischen Menschen die Verarbeitung der Situation zu erleichtern. Dazu gehört, dass Reize vermindert werden, die für den Menschen unangenehm sind. In Linas Fall würde sie zum Beispiel lernen, selbst dafür zu sorgen, dass die Gruppe sich von Reizen, die sie stark ablenken, wegbewegt. Lina würde lernen, ihr Bedürfnis nach einem reizarmen Ort zu äußern. Lina würde ihren Mitschülerinnen sagen: »Können wir in die Ecke dort gehen? Die Fußballgruppe lenkt mich total ab!«. Lina lernt also nicht, dass sie die Situation aushalten muss. Sie kann die Situation nach dem Prinzip der Selbstfürsorge so verbessern, dass sie sich besser auf den Dialog konzentrieren kann. Im besten Falle muss Lina dies in ihrer Mädchentruppe nur wenige Male sagen. Wenn es ein paar aufmerksame Mitschülerinnen gibt, werden diese beim nächsten Mal vermutlich wieder dieselbe Ecke aufsuchen oder Lina fragen, ob der Fußball sie wieder stört. Lina kann von ihren Lehrern auch das Angebot bekommen, sich in den Pausen zurückzuziehen. Stephanie Meer-Walter (2024) schlägt dazu die Schul-Bibliothek oder das Lernzentrum (wenn es eines gibt) vor. Eine weitere Idee der Autorin ist die Installierung eines Buddy-Systems mit einer Schülerin aus einem oberen Jahrgang, die Lina in der sozialen Interaktion unterstützt. Bei der Gruppenarbeit im Unterricht könnte sie ihren Erdkundelehrer bitten, einen gesonderten Raum aufzuschließen, in dem ihre Gruppe arbeiten kann. Damit diese Lösungen funktionieren, sollten pädagogische Personen über Neurodiversität aufgeklärt sein. So können sie die spezifischen Bedürfnisse ihrer Schülerinnen und Schüler im Autismus-Spektrum verstehen, respektieren und ein geeignetes Setting ermöglichen. Ein selbstbewusstes Verhalten im Umgang mit den eigenen Besonderheiten entsteht nicht dadurch, dass man Lina die Möglichkeit, ihre Bedürfnisse zu nennen, vorschlägt und sich darauf verlässt, dass sie diese direkt umsetzt. Hierzu bedarf es gemeinsamer Vorbereitung. Mit Lisa sollten Aspekte identifiziert werden, die kommunikative Situationen für sie schwerer machen. Und dann sollte die Selbstvertretung, das Äußern des eigenen Bedürfnisses, immer wieder geübt werden. Dies kann anfangs im Kontakt mit Pädagogen oder Therapeuten geschehen. Es sollte aber bald in dynamische Situationen mit Gleichaltrigen übertragen werden. Eine Möglichkeit, ein solches Verhalten zuerst im geschützten Raum zu üben, sind Sozialkompetenz-Gruppen oder das oben genannte Buddy-System. Der Ansatz der Sozialkompetenz-Gruppen wird bei Häußler et al (2023) vorgestellt.

Für Lina sollten der Raum, zeitliche Strukturen, soziale Strukturen und Handlungsstrukturen erkennbar gemacht werden. Hier kann eine visuelle Strukturierung helfen (eine Übersicht findet sich bei Häußler 2012). Die visuelle Strukturierung zielt darauf ab, dass die autistische Person orientiert ist und sich sicher fühlt. Anne Häußler (2012, 123) beschreibt das Vorgehen so: »Man versucht, die Situation aus der Perspektive der Person mit Autismus zu sehen und die Situation daraufhin so zu gestalten, dass der Betreffende sie verstehen kann.« Dem autistischen Menschen werde so eine Durchschaubarkeit der Situation geboten, die ihr einen Zugang dazu ermöglicht. Dazu gehört auch, die einer sozialen Situation geltenden Regeln und Abläufe möglichst verstehbar zu machen. Stephanie Meer-Walter

(2024) schlägt vor, immer wieder soziale Regeln in der Klasse explizit zu besprechen und darzustellen. Davon profitieren alle in der Klasse. Dies können Regeln des sozialen Umgangs im Alltag oder in Gruppenarbeiten sein. Auch eine Strukturierung der Prozesse oder klare Rollenvergaben in Gruppenarbeiten können dazugehören. Wenn der Gruppenprozess zu fordernd ist, kann das autistische Kind seiner Gruppe auch eine Teilaufgabe zuarbeiten, die weitgehend selbständig und in einem Rückzugsraum erarbeitet werden kann.

Der zweite Schritt ist die Förderung der sozial-kommunikativen Kompetenzen selbst. Es gibt noch zu wenige Methoden, deren Wirksamkeit für die Förderung der sozialen Kommunikation nachgewiesen werden konnte. Es konnte aber gezeigt werden, dass für die Altersgruppe der autistischen Kinder vor Schuleintritt die enge Zusammenarbeit mit den Eltern und das Einbinden einer pädagogischen Zusatzperson (eine Fachkraft aus dem Kindergarten oder ein Einzelfallhelfer) hilfreich ist (Parsons u. a. 2017). Oft üben autistische Kinder das Interagieren und die soziale Kommunikation mit Therapeuten in der Praxis. Wenn die Förderung nur dort erfolgt, kann das Übertragen des Gelernten auf echte Situationen schwierig für das Kind sein. Darum sollte von Anfang an möglichst viel in echten Alltagssituationen gearbeitet werden. Eine gute Vernetzung von Eltern, Therapeuten und pädagogischen Personen kann dies möglich machen.

Die Förderung auf sozial-kommunikativer Ebene sollte also im natürlichen Kontext stattfinden. Dies setzt zum einen voraus, dass die Erwachsenen um das Kind herum gut vernetzt sind. Zum anderen sollten Therapeutinnen flexibel in den verschiedenen Settings agieren können. Kann die therapeutische Fachkraft auch in den Kindergarten oder nach Hause kommen, stellt dies für die Übertragung in den Alltag einen klaren Vorteil dar. Wünschenswert ist auch, dass andere Kinder aus dem Umfeld des autistischen Kindes mit einbezogen werden. So können gemeinsame Spiele zwischen dem autistischen Kind und Kindern aus seinem Umfeld unterstützt oder angebahnt werden.

5.6 Soziale Kommunikation stärken

Zur Arbeit am Ablauf und dem Verständnis für eine gezielte soziale Situation bieten die »Social Stories« eine geeignete Methode. »Social Stories« beschreiben soziale Alltagssituationen mit Bildern. Es werden routinierten Äußerungen und Handlungsabläufe dargestellt, die zeigen, wie eine Person in einem bestimmten sozialen Kontext handeln könnte oder sollte. Chen und Kollegen (2020) konnten zeigen, dass der Ansatz tatsächlich wirksam ist. Bei den Social Stories ist es besonders wichtig, dass die beispielhaften Geschichten und Abläufe an das Kind und seinen unmittelbaren Alltag angepasst werden. Gray (2015) gibt eine Checkliste für eine gute Social Story.

Auszug aus der Checkliste für Social Stories (Gray, 2015)

- Einbezug des sozialen Umfeldes in die Themenwahl
- Einbezug der autistischen Person selbst
- Wahl eines bedeutsamen Themas für die autistische Person
- Wertschätzung von Talenten und Leistungen der Person in der Geschichte
- Erkennbarkeit der Perspektive der Person selbst
- Klare Strukturierung der Geschichte
- Realistische Anforderungen

Die Idee der Social Stories kann auch digital umgesetzt werden. Hier gibt es im englischen Sprachraum zum Beispiel bereits die »SOFA-App« (Stories Online for Autism). Wer einige Beispiele für gute Social Stories gelesen hat, kann diese aber auch mit einer einfachen Textverarbeitung umsetzen.

Je komplexer der Kontext, desto schwieriger wird es für autistische Menschen, das Verhalten anderer vorauszusagen und ihr eigenes Verhalten an die jeweilige Situation anzupassen. Devon Price (2022) zeigt uns, dass vielen autistischen Menschen das intuitive Vorhersagen der sozialen Handlungen Anderer schwerfällt, da jede soziale Situation individuell und neu verstanden werden muss – es gibt keine intuitive, schnelle Abkürzung dafür. Dies erfordert Zeit und beansprucht emotionale und kognitive Ressourcen.

Peter Vermeulen (2024) betont, dass Trainings zur Emotionserkennung, die nur mit Gesichtsbildern arbeiten, wenig hilfreich sind. Ein Stirnrunzeln kann je nach Situation ganz unterschiedliche Bedeutungen haben, wie Ärger, Irritation oder aber Konzentration. In unserer sozialen Welt gibt es keine Regeln, die immer und überall gelten. Daher empfiehlt Vermeulen, autistische Menschen darin zu unterstützen, den »Kontext-Knopf zu drücken« (Vermeulen 2024, 166). Das bedeutet, dass sie lernen, wie sich soziale Verhaltensweisen in verschiedenen Situationen verändern und wie Menschen darauf reagieren. Gleichzeitig ist es hilfreich, als neurotypische Person das eigene Verhalten berechenbarer und klarer zu gestalten. Abschließend ist außerdem wichtig, den Wunsch der autistischen Person nach Sozialkontakten auszuloten. Dieser kann individuell sehr unterschiedlich ausgeprägt sein. Niemand sollte zu einem von seinem äußeren Umfeld bestimmten Umfang an Sozialkontakten gezwungen werden.

Zum Weiterlesen

Gray, Carol (2017): Comic Strip Gespräche. Illustrierte Interaktionen. Wie man Schülern mit Autismus und ähnlichen Beeinträchtigungen Konversationsfähigkeiten vermittelt. Stockelsdorf: Libellus Verlag.

Häußler, A., Happel, C., Tuckermann, A., Altgassen, M., & Adl-Amini, K. (2023): SOKO Autismus. Gruppenangebote zur Förderung sozialer Kompetenzen bei Menschen mit Autismus. Erfahrungsbericht und Praxishilfen. Dortmund: Verlag modernes Lernen.

Meer-Walter, Stephanie (2024): Schüler/innen im Autismus-Spektrum versehen. Praxishilfe zu autistischen Besonderheiten in Schule und Unterricht. Weinheim: Beltz.

Quellen

Chen, T., Yang, W., Wang, Q., Zhang, Y., & Ma, Z. (2020):L. Effects of social stories intervention for children and adolescents with autism spectrum disorders: A protocol for a systematic review and meta-analysis of randomized controlled trials. *Medicine (Baltimore)*, *99*(37), e22018–e22018. https://doi.org/10.1097/MD.0000000000022018

Gray, C., & White A.L. (2015): My Social Stories Book. London: Jessica Kingsley.

Häußler, A., Happel, C., Tuckermann, A., Altgassen, M., & Adl-Amini, K. (2023): SOKO Autismus. Gruppenabgenote zur Förderung sozialer Kompetenzen bei Menschen mit Autismus. Erfahrungsbericht und Praxishilfen. Dortmund: Verlag modernes Lernen.

Häußler, A. (2012): Der TEACCH Ansatz zur Förderung von Menschen mit Autismus: Eine Einführung in Theorie und Praxis. Dortmund: Borgmann Media.

Meer-Walter, S. (2024): Schüler/innen im Autismus-Spektrum versehen. Praxishilfe zu autistischen Besonderheiten in Schule und Unterricht. Weinheim: Beltz.

Parsons, L., Cordier, R., Munro, N., Joosten, A., & Speyer, R. (2017): A systematic review of pragmatic language interventions for children with autism spectrum disorder. *PloS One*, *12*(4), e0172242–e0172242. https://doi.org/10.1371/journal.pone.0172242

Price, D. (2022): Unmasking Autism. The power of embracing our hidden neurodiversity. London: monoray.

Silveira-Zaldivara, T., Özerk, G., & Özerk, K. (2021): Developing Social Skills and Social Competence in Children with Autism. *International Electronic Journal of Elementary Education*, *13*(3). Abrufbar unter https://www.iejee.com/index.php/IEJEE/article/view/1485

Vermeulen, P. (2023): Autismus und das prädiktive Gehirn: absolutes Denken in einer relativen Welt. Freiburg: Lambertus Verlag.

5.7 Lesen und Schreiben

Lesen und schreiben zu können sind in unserer Gesellschaft wichtige Fertigkeiten für ein selbstbestimmtes Leben. Wir nutzen unsere Lesefertigkeiten in der Arbeitswelt, aber auch, um uns beim Einkaufen oder am Bahnhof zu informieren. Auch im sozialen Miteinander lesen und schreiben wir, um miteinander über Textnachrichten oder soziale Medien zu kommunizieren.

> **Schriftsprache und Autismus: Tom**
> Tom ist in der dritten Klasse und im Autismus-Spektrum. Lang bevor er zu sprechen begann, zeigte er ein besonderes Interesse für Buchstaben. Er hatte sich das Lesen lange vor der Einschulung mit Apps auf seinem Tablet selbst beigebracht. Seine Eltern hatten sich zuerst Sorgen gemacht, da er die Buchstaben auf Englisch benannte und englische Wörter las. Es war aber kein Problem, ihm mit einigen deutschen Apps zu zeigen, dass die Buchstaben in verschiedenen Sprachen verschieden ausgesprochen werden. Tom sucht sehr gern nach Alphabet-Apps aus anderen Sprachen und findet auch andere Schriftsysteme interessant. Bei seiner Einschulung hat Tom bereits von seinen Lesekompetenzen profitiert. Er bekam ein Namensschild an seinem Stuhl und seinem Jackenaufhänger und orientierte sich am geschriebenen Stundenplan. Seine Schulbegleitung (Tom hatte Schwierigkeiten, sich im Reizchaos des Schulalltages zurechtzufinden) schrieb ihm auch kurze Handlungsanleitungen für bestimmte Situationen auf und seine Lehrerin gab ihm schriftliche Übersichten über die Struktur der Schulstunde. Während Tom anfangs beim Lesen von Wörtern und Sätzen brillierte, zeigt er in der dritten Klasse nun vermehrt Schwierigkeiten beim Verstehen von Texten. Dabei kann er diese fehlerfrei vorlesen. Es gibt immer wieder Hinweise darauf, dass er den Inhalt nicht komplett versteht. Dabei fallen ihm Sachtexte leichter als Geschichten. Wenn Tom die Hofpause zu wuselig wird, setzt er sich mit seinem Lieblingsbuch über das Weltall auf eine Bank. Manchmal leistet ihm Lennard dabei Gesellschaft. Der interessiert sich nämlich auch für Planeten und Raketen.
> Wenn Tom nach der Schule keine Energie mehr hat, zieht er sich häufig in sein Zimmer zurück. Er schreibt seiner Mutter dann

> aus seinem Zimmer über das Tablet, wie es ihm geht und was er braucht, um wieder aufzutanken. Manchmal schreibt er Wörter, teilweise nutzt er auch Emojis.

Im Laufe der Schulzeit lernen wir zuerst oberflächliche Fertigkeiten des Lesens und Schreibens. Dazu gehört das Bewusstsein, dass unsere Wörter aus Lauten aufgebaut sind und dass sich diese geschriebenen Buchstaben zuordnen lassen. Wir lernen, diese Buchstaben zu lesen und uns erste Wörter zu erlesen. Wir lernen, die Buchstaben zu schreiben, Wörter zu schreiben und Sätze. Wir lernen, nach Regeln so zu schreiben, wie es die Gesellschaft von uns verlangt, und so, dass auch andere unsere Werke lesen können. Tom nutzt Schriftsprache, um sich mit seinem Thema »Alphabete« zu beschäftigen. Wir werden in diesem Kapitel den Fokus auf drei Schwerpunkte legen. Diese sind: Die Nutzung der Schriftsprache für die Orientierung im Alltag und in der sozialen Welt, die Förderung des Leseverstehens und das Thema Handschrift.

Schriftsprache und Autismus

1. Nutzung der Schriftsprache für die Orientierung im Alltag und der sozialen Welt
   Schrift kann autistischen Menschen helfen, sich zurechtzufinden. Mit Beschriftungen kann die örtliche Orientierung unterstützt werden. Schriftliche Anleitungen können im sozialen oder praktischen Alltag helfen.
2. Förderung des Leseverstehens
   Viele autistische Menschen zeigen besondere Schwierigkeiten im Leseverstehen. Für manche ist es schwierig zu verstehen, auf was ein Personalpronomen (»sie«, »er«) verweist.
3. Handschriftliche Fertigkeiten
   Gerade im schulischen Bereich ist die Handschrift ein besonderes Thema für viele autistische Kinder und Jugendliche.

> Wenn eine leserliche oder sogar »schöne« Handschrift gefordert ist, kann dies für Schüler im Autismus-Spektrum eine besondere Hürde im schulischen Alltag darstellen.

Viele autistische Kinder zeigen früh ein besonderes Interesse an Buchstaben. Es scheint, dass sie die Systematik schnell erkennen und als sicheres System interessant und angenehm empfinden. Für autistische Menschen hat die Schriftsprache gegenüber der mündlichen Kommunikation einen erheblichen Vorteil: Sie ist statisch. Ein geschriebenes Wort oder ein geschriebener Satz bleibt, man kann immer wieder hinschauen und sich der Bedeutung versichern. Gleichzeitig können Sätze und ganze Texte aber auch verschiedene Lesarten erlauben – es kann schwer sein, die Bedeutung zu verstehen, wenn Inhalte ausgelassen oder verkürzt werden. Für autistische Menschen kann die frühe Beherrschung der Schriftsprache bedeuten, dass sie sich besser orientieren können, Informationen statt nur über den auditiven Kanal auch über das Visuelle aufnehmen können und sie können Schriftsprache nutzen, wenn das eigene Sprechen versagt.

Nutzung der Schriftsprache für die Orientierung im Alltag und der sozialen Welt

Wir sehen an Toms Beispiel, dass er seine Lese- und Schreibfertigkeiten in vielfältiger Weise nutzt, um seinen Alltag erfolgreich zu bewältigen. Er orientiert sich an Beschriftungen, die für ihn angefertigt werden. Er orientiert sich außerdem an Plänen, wenn es um die Struktur einer Schulstunde oder sonstige zeitliche Abläufe geht. Diese Orientierung über die Schriftsprache verleiht ihm eine größere Selbständigkeit. Er fühlt sich sicher und muss nicht wiederholt nachfragen, was wann passieren wird. Tom nutzt seine Lesefertigkeiten, um sich mit seinen Lieblingsthemen zu beschäftigen und hat so auch Möglichkeiten gefunden, sich durch die Beschäftigung mit seinem Buch in chaotischen Situationen abzuschirmen und einen sicheren Ort zu schaffen. Seine Sachbücher dienen ihm sogar als Medium, um Kontakt mit anderen Kindern aufzunehmen. Wir erkennen in Toms Beispiel einige Kategorien wieder, die sich auch in den Prinzipien der visuellen Strukturierung für Menschen im Autismus-Spektrum nach Bernard-Opitz und Häußler (2024, 11 f) wiederfinden. Die räumliche Strukturierung, die zeitliche Strukturierung und die Strukturierung selbstständiger Beschäftigung. Die Autorinnen betonen, wie besonders wichtig es für viele autistische Menschen ist, eine Übersichtlichkeit im Alltag zu erleben. Diese kann durch Bildkarten, aber bei lesenden Personen auch über Schrift stattfinden. Die Autorinnen geben in ihrem Buch Beispiele von Ausflugsplänen, Plänen für Schulstunden (z. B. den Sportunterricht) oder individuelle Tagespläne, in denen Schriftsprache genutzt wird.

Auch für das Zurechtkommen mit sozialen Strukturen, Regeln und Routinen können Lesekompetenzen genutzt werden. Die Methoden der Social Stories und der Comic Strip Gespräche (▶ Kap. 5.6 erklärt) nutzen die Textform oder kombinierte Text-Bildformen, um soziale Situationen und Handlungen verstehbar zu machen.

Leseverstehen

Der 12-jährige Tom hat einen frühen und selbständigen Zugang zum Lesen gefunden. Trotzdem fällt ihm das Verstehen von Texten, gerade Geschichten, noch schwer. Schwierigkeiten im Leseverstehen kommen bei autistischen Menschen häufig vor. Dies überrascht Lehrkräfte in der Schule oft besonders da, wo der oberflächliche Leseprozess (Erkennen und Erlesen von Wörtern) mühelos funktioniert. In den üblichen schulischen Lese-Fördergruppen sind autistische Schüler mit ihrem Profil oft nicht richtig aufgehoben. Die Forscherinnen Amy Accardo und Elizabeth Finnegan (2019) betonen, dass die Lesekompetenzen autistischer Personen sehr individuell sind. Man dürfe kein einheitliches Profil voraussetzen und dann nach einem festen Grundschema vorgehen. Es sei vielmehr wichtig, die Lesekompetenzen bei jedem einzelnen autistischen Menschen im Detail festzustellen, um dann individuell vorzugehen. Die Forscherinnen geben einige Hinweise darauf, wie sich autismusspezifische Besonderheiten auf das Leseverständnis auswirken können.

> **Einflüsse auf das Leseverstehen (Accardo & Finnegan 2019, 237)**
>
> - Kompetenz, die Perspektive anderer einnehmen zu können
> - Arbeitsgedächtnis
> - Exekutive Funktionen (Handlungsplanung)
> - Schwache zentrale Kohärenz (stärkerer Fokus auf Details als auf dem Gesamtzusammenhang)
> - Verstehen von bildlicher Sprache, Redewendungen, Metaphern, Ironie

Diese Einflüsse sind eng an die Besonderheiten der Wahrnehmung und Kognition im Autismus-Spektrum gebunden. Autistische Menschen zeigen also im Bereich des Leseverstehens durchaus andere Schwierigkeiten als neurotypische Leser. Dies legt nahe, dass ein klassisches Üben der Lesefertigkeiten nicht ausreicht, um Fortschritte zu erreichen. Es kann sein, dass für die einzelne Person eine Auswahl der in diesem Kapitel besprochenen Methoden wirksam ist. Es ist aber auch möglich, dass eine individuelle, kreativere Methodik genau auf die Schwierigkeiten, Kompetenzen und Motivatoren der Person zugeschnitten werden muss.

Zentrale Kohärenz ist die Fähigkeit, bedeutsame Informationen in einem Zusammenhang wahrzunehmen und zu verbinden. Diese Fähigkeit benötigen wir auch, wenn wir einen gelesenen Text verstehen wollen. Wir haben oben (▶ Kap. 2.1) schon gelernt, dass Menschen im Autismus-Spektrum häufig einen detailorientierten kognitiven Stil der Informationsverarbeitung besitzen. Dass die Wahrnehmung eher Details erkennt und Zusammenhänge nicht intuitiv verarbeitet werden, betitelt man auch als »schwache zentrale Kohärenz«. Karen Engel und Linnea Ehri (2020) haben die Fähigkeit, gelesene Informationen im Gesamtzusammenhang zu betrachten, mit autistischen Kindern der ersten und zweiten Klasse trainiert. Die Schüler bekamen bei jeder Sitzung einen kurzen Erzähltext mit Fragen. Diese Fragen sollten sie darin unterstützen, die Gesamtbedeutung des Textes zu erfassen. Die Fragen wurden durch visuelle Hilfen markiert. Die Schüler bekamen bei einigen Fragen den Auftrag, kurz nachzudenken, oder aber in den Text zurückzuschauen, um die Frage zu beantworten. Im Fokus einiger Fragen standen mehrdeutige Wörter oder Sätze. Die Schüler bekamen beide Deutungsmöglichkeiten und sollten entscheiden, welche davon in den Gesamtzusammenhang des Textes passte. Außerdem wurden die Schüler darauf hingewiesen, dass manchmal Teile eines Textes nicht sinnvoll sind. Dann sollte der Schüler kurz pausieren, um nachzudenken oder nachzuforschen. Eine weitere Lektion beschäftigte sich damit, dass Menschen, die in einem Text vorkommen, über verschiedene stellvertretende Wörter benannt werden, zum Beispiel durch ihre Pronomen (»sie« oder »er«). Auch dies wurde zusätzlich visuell dargestellt. Die Schüler sollten nun Pronomen im Text finden und klären, für wen diese stehen. Um einen weiteren Zusammenhang herzustellen, wurde eine Strategie erläutert, in der Denkfragen genutzt werden, die die Reihenfolgen im Text klären. Durch Fragen wie »Was passiert zuerst? – »Was passiert danach?« sollten die Schüler sich die Sequenzen der Handlung erschließen. Im Anschluss wurden die Schüler gebeten, die Handlung nachzuerzählen. Auch hier gab es eine Unterstützung: Um die Sequenzen darzustellen, wurden Satzanfänge und Schlüsselwörter vorgegeben. In der letzten Sitzung wurde erklärt, dass ein Leser manchmal eine Inferenz machen muss. Dies bedeutet, dass man auf etwas schließt, das nicht explizit im Text steht. Heißt es im Text zum Beispiel »Draußen stürmte es. Durchnässt trat er in die Küche« ist davon auszugehen, dass es neben dem Sturm auch geregnet hatte und die Person aus dem Regen kam. Die Schüler wurden auf solche Inferenzen hingewiesen. Beispiele wurden im Text markiert und diskutiert.

> **Training des Leseverstehens nach Engel & Ehri (2020)**
>
> 1. Mehrdeutige Wörter und Sätze
> 2. Zuordnen von Pronomen
> 3. Sequenzierung von Geschichten
> 4. Nacherzählen mit Schlüsselwörtern
> 5. Kausale Inferenzen erkennen und klären

Die Forscherinnen konnten zeigen, dass dieses Vorgehen die Fähigkeit, einen Text wiederzugeben, stärkte. Es zeigten sich keine Auswirkungen in Tests zum allgemeinen Leseverstehen, was die Autorinnen damit begründen, dass es sich hier nur um eine sehr kurze Intervention handelte und die genutzten Tests kleine Fortschritte nicht abbildeten. Wir hatten erwähnt, dass Gruppentrainings aufgrund der Individualität der Lese-Profile einzelner autistischer Menschen stets kritisch zu betrachten sind. Wenn man das dargestellte Vorgehen aber als »Ideenkiste« betrachtet, können hieraus individuelle Konzepte für einzelne Schüler entwickelt werden.

Rochelle Drill und Scott Bellini (2022) haben ihren Fokus zur Leseförderung auf das Bewusstsein für soziale Prozesse gelegt. Um eine wirksame und für die Kinder ansprechende Methode zu kreieren, wurden drei bereits bestehende Ansätze der Leseförderung kombiniert: Lesetheater, Video-Selbst-Modellierung und Storymapping.

Die Kinder in der Studie arbeiteten unter anderem mit Auszügen aus »Harry Potter«. Sie wurden zunächst per Video aufgezeichnet, während sie die Ereignisse aus dem Textabschnitt, den sie gerade gelesen hatten, nachspielten. Zu Beginn jeder Interventionssitzung sahen die Teilnehmer sich selbst auf einem Tablet dabei zu, wie sie das Hauptereignis aus der vorangegangenen Sitzung nachspielten. Jedes Video war ca. 1–2 Minuten lang. Die Kinder bekamen Skripte für das Lese-Theater und bekamen eine Rolle zugewiesen. Es wurde geklärt, in welchem Tonfall jedes Kind seinen Beitrag vortragen sollte. Die Kinder bekamen dann eine Story-Map, also eine Visualisierung der Handlung des Textes. Diese enthielten eine dreispaltige Aufzeichnung davon, wer beteiligt ist, was passiert und was dies bedeutet. Im Anschluss beantworteten die Kinder ein mündliches Quiz. Dieses wurde ihnen mitsamt den Antworten später gedruckt gegeben. Während der gesamten Sitzung wurden den Kindern die Schritte der gemeinsamen Arbeit visualisiert und abgehakt. Wie oben beschrieben, begann jede Sitzung damit, dass die Teilnehmer den visuellen Plan durchgingen. Dann sahen sich die Teilnehmer, mit Ausnahme der ersten Sitzung, das Video an, in dem sie das Skript des Lesetheaters des vorherigen Kapitels nachspielten. Anschließend machten die Teilnehmer eine Vorhersage über den kommenden Abschnitt und lasen den neuen Abschnitt laut vor.

Nach Beendigung des Kapitels führten die Teilnehmer ein kurzes (1–2 Minuten) Lesetheater durch. Die Forscherin unterstützte die Teilnehmer beim Nachspielen des Textes, um die Geschichte zu vermitteln. Die Teilnehmer hatten die Möglichkeit, das Skript für das Lesetheater einmal zu üben, bevor sie es vor der Videokamera aufführten. Die Teilnehmer wurden gefilmt, um die Gedanken und Ereignisse der Figuren in der Geschichte aus der Perspektive der Teilnehmer zu erfassen.

Als Nächstes wurde die Storymap besprochen. Die Teilnehmer verbalisierten die fehlenden Informationen im Hinblick darauf, welche Figuren beteiligt waren und warum das Ereignis wichtig war.

Wie oben beschrieben, mussten die Teilnehmer in der letzten Komponente jeder Interventionssitzung einen Bogen mit zehn Fragen zu den Ereignissen des aktuellen Kapitels des Romans ausfüllen Die Interventionssitzungen dauerten etwa eine Stunde. In anschließenden Rückmeldungen gaben viele Teilnehmende an, dass ihnen die Systematisierung geholfen habe, die Handlungen mitsamt ihren sozialen Bedeutungen besser zu verstehen und dass sie mehr Interesse für das Lesen von Geschichten entwickelt hätten (Drill & Bellini 2022, 11).

> **Storymapping**
> Story-Mapping ist wie eine Landkarte, die den Verlauf einer Geschichte visualisiert. Man legt die verschiedenen Teile der Geschichte in einer Reihenfolge fest, ähnlich wie bei einer Zeitleiste. Im Unterricht mit Kindern kann Story-Mapping verwendet werden, um den Verlauf einer Geschichte zu visualisieren. Es hilft den Kindern, den Überblick zu behalten und den Zusammenhang zwischen den verschiedenen Teilen besser zu verstehen.

Auch hier können einzelne Elemente sowohl im schulischen Rahmen als auch beim Lesen und Vorlesen zu Hause umgesetzt und individuell angepasst werden. Dabei können Lehrkräfte und Eltern besonders in der Wahl der Geschichten die Interessen des autistischen Kindes einfließen lassen oder einen Schwerpunkt auf einen methodischen Teil legen, der dem Kind besonders liegt. Auch mit autistischen Erwachsenen (und bezogen auf Literatur für Erwachsene) ist diese Methode denkbar und könnte auch ohne pädagogische Assistenz in Eigenregie (zum Beispiel in neurodiversen oder inklusiven Kleingruppen) umgesetzt werden. Das Einbeziehen von Spezialinteressen in die Leseförderung scheint zwar nicht zu einer zusätzlichen Verbesserung des Leseverständnisses zu führen (Marshall & Myers 2021), dürfte aber die Motivation der autistischen Person erhöhen. Auch das allgemeine Interesse an Lesetexten kann durch die Einbeziehung spezifischer Interessen verstärkt werden.

> **Training des Leseverstehens nach Drill und Bellini (2022)**
>
> 1. Lese-Theater
>   Im Lese-Theater schlüpfen die Schüler in die Rollen von Erzählfiguren und bereiten sich auf eine mündliche Aufführung vor. Das Lese-Theater hilft dabei, Lücken in der sozialen Kognition und im Leseverständnis von autistischen Kindern zu

überbrücken, indem es soziales Bewusstsein, Kognition, Kommunikation, Wahrnehmung und Ausdruck schult.
2. Videomodellierung
Die Videomodellierung ermöglicht dem Einzelnen, spezifische, zielgerichtete Verhaltensweisen auszuführen, indem er sich selbst im Video beobachtet. Gerade im Bereich Autismus hat sich das Arbeiten mit Videomodellierung in vielen Bereichen bewährt.
3. Storymapping
Story-Mapping-Techniken sind grafische Darstellungen, die vor und nach dem Lesen verwendet werden können, um das Gelesene visuell zu systematisieren. Diese Techniken nutzen Stärken der visuellen Verarbeitung bei autistischen Menschen, um das Verstehen der Textbedeutung zu unterstützen.

Vielen Ansätzen der Förderung des Leseverständnisses im Autismus-Spektrum ist die Nutzung visueller Hilfen gemeinsam. Diese bauen zum einen darauf auf, dass viele autistische Menschen eine besondere Stärke in der visuellen Verarbeitung haben. Außerdem sind diese Hilfen aber auch in der alltagsorientierten Arbeit gut umsetzbar, da sie in viele Situationen (Schule, Arbeit, Privatleben) übertragbar sind und selbständig eingesetzt werden können.

Ein weiterer Aspekt, der in verschiedenen Methoden verwendet wird, ist der Einsatz von metakognitiven Strategien. Metakognitiv bedeutet in diesem Fall, sich selbst beim Denken und Verstehen zu beobachten und zu hinterfragen. Auch hier können autistische Menschen durch das Beobachten eigener Verstehensprozesse und durch das Erkennen von Lücken ihres Textverstehens selbst Strategien anwenden und in Alltagssituationen übersetzen. Um den Transfer in den Alltag zu gewährleisten, sollte stets genug Raum gegeben werden, um gemeinsam zu überlegen, wo im Training genutzte Strategien im Alltag eingesetzt werden könnten, so sie bereits eingesetzt wurden und wo sie erfolgreich waren. Hierzu gehört auch die Netzwerkarbeit, zum Beispiel zwischen Lehrpersonen, die das

Lesetraining anbieten, und denen, die ihre autistischen Schüler z. B. im Fachunterricht mit Texten konfrontieren.

Handschriftliche Fertigkeiten

In einer Zeit, die von digitalen Technologien und virtuellen Kommunikationsmitteln geprägt ist, scheint die Bedeutung der Handschrift zunehmend in den Hintergrund zu treten. Doch gerade in Bildungskontexten und insbesondere im Schulalltag ist eine leserliche Handschrift eng mit dem Schulerfolg und Bewertungen der Lehrpersonen verknüpft. Der Prozess des Handschreibens erfordert eine Vielzahl an Kompetenzen – darunter die der räumlichen Planung, Feinmotorik, sensorischen Integration sowie Kontrolle und Selbstregulation.

Kompetenzen zur Handschrift

1. Planungskompetenz
Die Fähigkeit, den Inhalt zu planen und dabei räumliche, zeitliche und kinästhetische Aspekte zu berücksichtigen. Dies umfasst die Planung von Buchstabengröße, -form, -ausrichtung und -abstand
2. Feinmotorische Kompetenz
Die Fähigkeit, feinmotorische Aktionen auszuführen, um ein Schreibinstrument präzise zu halten und zu bewegen. Dies beinhaltet die Geschicklichkeit, die für die Kontrolle der Bewegungen erforderlich ist, um klare und lesbare Buchstaben zu formen.
3. Sensorische Integration
Die Fähigkeit, sensorische Informationen zu verarbeiten und sie in die Handlungen beim Schreiben zu integrieren. Dies umfasst die Anpassung des Griffes des Schreibwerkzeugs sowie

die Anwendung des richtigen Drucks auf die Schreiboberfläche basierend auf sensorischen Rückmeldungen.
4. Kontrolle und Selbstregulation
Die Fähigkeit, die Handlung des Schreibens zu überwachen und anzupassen, um ein angemessenes Ergebnis zu erzielen. Dies beinhaltet die Kontrolle des Schreibtempos, des Drucks und der Bewegungen, um die Lesbarkeit des geschriebenen Inhalts zu gewährleisten.

Viele autistische Menschen haben Schwierigkeiten, den schulischen Ansprüchen an ihre Handschrift zu genügen. Dabei können sowohl Probleme mit der feinmotorischen Koordination als auch mit der räumlichen Planung oder der Verarbeitung von Druck- und Berührungsreizen den Schwierigkeiten zugrunde liegen (Verma & Lahiri 2022, 71 f). Wir haben wiederholt darüber reflektiert, dass Förderung immer im Sinne der individuellen Person geschehen sollte. Dies wirft die Frage auf, ob eine Verbesserung der Handschrift funktional wichtig für den Alltag des autistischen Menschen ist. Kann die Person eigene Notizen nicht lesen, ist das Ziel der Verbesserung der Handschrift sicher sinnvoll. Geht es lediglich um Schulnoten (insbesondere für Handschrift und Sauberkeit), kann der autistische Schüler ein Training der Handschrift als frustrierend und sinnlos empfinden. Das eigene Konzept dessen, was er oder sie schulisch kann, könnte stark durch dieses vermeintliche Defizit überlagert werden. Es könnte hier eher sinnvoll sein, einen schulischen Nachteilsausgleich zu erwirken. Dieser kann bewirken, dass die Handschrift nicht mehr in die Bewertung einfließt oder sogar, dass der Schüler am Computer oder Tablet tippen kann.

Zum Training der Handschrift liegen bisher wenig Erkenntnisse vor, die eine Wirksamkeit bestimmter Methoden im Autismus-Spektrum bestätigen. Generell ist aber davon auszugehen, dass ein Training Aspekte integrieren sollten, die dem Schüler Freude bereiten. Das kann ein besonderer Stift sein, das Schreiben von Wörtern oder Buchstaben zum eigenen Spezialthema oder die Nutzung von technischen Hilfsmitteln, wie zum Beispiel eines digitalen Notepads mit Projektion. Wichtig ist beim Schreiben auf Notepads und Tablets, dass die Aspekte zu Druck und sensorischer Rückmeldung nicht die gleichen sind wie mit einem Stift auf Papier. Van den Bos und Rosenblum (2022) betonen, dass gerade im Autismus-Spektrum ein individualisiertes Vorgehen genutzt werden sollte. Dieses sollte auf einer genauen Diagnostik der Faktoren basieren, die für die jeweilige Person im Vordergrund stehen. Eine solche Analyse ist sicher eher in der ergotherapeutischen Praxis als im schulischen oder häuslichen Rahmen möglich. Fachpersonen aus der Ergotherapie können hier auf Basis einer genauen Diagnostik passende und individualisierte Ideen geben und Förderangebote anbieten.

Insgesamt sollten in der Schule die Empfehlungen zu Nachteilsausgleichen für Menschen im Autismus-Spektrum berücksichtigt werden (z. B. Autismus Deutschland, 2016). Diese beinhalten unter anderem auch die Ersetzung von zu freien Textaufgaben, wie z. B. der Gedichtinterpretation, durch andere Aufgabentypen und eine größere Toleranz im handschriftlichen Bereich.

Quellen

Accardo, A. L., & Finnegan, E. G. (2019): Teaching reading comprehension to learners with autism spectrum disorder: Discrepancies between teacher and research-recommended practices. *Autism: The International Journal of Research and Practice, 23*(1), 236–246. https://doi.org/10.1177/1362361317730744

Drill, R. B., & Bellini, S. (2022): Combining Readers Theater, Story Mapping and Video Self-Modeling Interventions to Improve Narrative Reading Comprehension in Children with Autism Spectrum Disorder. *Journal of Autism and Developmental Disorders, 52*(1), 1–15. https://doi.org/10.1007/s10803-021-04908-x

Engel, K. S., & Ehri, L. C. (2021): Reading Comprehension Instruction for Young Students with Autism: Forming Contextual Connections. *Journal of Autism and Developmental Disorders, 51*(4), 1266–1280. https://doi.org/10.1007/s10803-020-04596-z

Marshall, B., & Myers, C. (2021): Does Embedding Restricted Interests of Students with Autism in Text Improve Reading Comprehension? *Developmental Neurorehabilitation*, 24(5), 347–354. https://doi.org/10.1080/17518423.2021.1898486

Verma, P., & Lahiri, U. (2022): Deficits in Handwriting of Individuals with Autism: a Review on Identification and Intervention Approaches. *Review Journal of Autism and Developmental Disorders*, 9(1), 70–90. https://doi.org/10.1007/s40489-020-00234-7

Wissen auf den Punkt gebracht: Erkenntnisse und Empfehlungen

Erkenntnisse aus diesem Kapitel:

- Kinder im Autismus-Spektrum profitieren beim Lernen von Sprache von alltäglichen Interaktionen, wobei Bedeutsamkeit und Spaß eine zentrale Rolle spielen.
- Ein Lernmotor für Sprache bei autistischen Kindern ist die Selbstwirksamkeit, wenn sie erkennen, dass sie mit ihren Äußerungen ihre Umwelt beeinflussen können.
- Autistische Menschen profitieren von natürlicher, alltagsbezogener Sprachförderung. Die Motivation zum Sprechen steigt, wenn die Sprachförderung an echten, für die Person bedeutsamen Situationen anknüpft.
- Stereotypes Verhalten kann als Ausgangspunkt für kommunikative Interaktionen genutzt werden, z. B. durch Variationen und Erweiterungen im stereotypen Spiel.
- In selbstgewählten, bedeutsamen Tätigkeiten gelingt es autistischen Personen oft besser, irrelevante Reize auszublenden und einen Fokus zu bilden.

Die wichtigsten pädagogischen Konsequenzen:

- Die Ziele der Sprachförderung sollten direkt auf den Alltag der Person ausgerichtet sein, um deren Lebensqualität und Kommunikationsfähigkeit zu verbessern.
- Es sollte darauf geachtet werden, dass die Person durch Sprache ihre Umwelt beeinflussen und Erfolge erleben kann.
- Pädagogische und therapeutische Fachkräfte sollten sich nach den Interessen und dem Aufmerksamkeitsfokus der autistischen Person richten, um deren Motivation zur Kommunikation zu fördern.
- Sowohl nonverbale als auch verbale Kommunikationsformen sollten gleichermaßen berücksichtigt und gefördert werden.
- Verstärkung von Kommunikationsverhalten erfolgt nicht durch äußere Belohnungen, sondern durch positive Konsequenzen im direkten Handeln (z. B. »nochmal« sagen und dann erneut auf dem Stuhl drehen).
- Bezugspersonen sollten in den Sprachförderprozess integriert werden, um die Fortschritte auch im Alltag zu festigen. Dabei sollten sie aber in der Elternrolle bleiben können.
- Pädagogische Fachpersonen sollten soziale Interaktionen (z. B. Gruppenarbeiten) so weit wie möglich strukturieren und Rückzugsräume schaffen.

6 Unterstützte Kommunikation

Melanie, zwölf Jahre
Melanie ist zwölf Jahre alt und hat zwei Faktoren, welche die Entwicklung ihrer Sprache beeinflussen: Sie ist autistisch und dyspraktisch. Sie hat erhebliche Schwierigkeiten dabei, Sprachlaute zu bilden. Melanie hat mit ihrer Logopädin Frau Knüver gelernt, wie sie mit anderen kommunizieren kann. Wenn ihre Mutter sie fragt, ob sie auf den Spielplatz will, antwortet sie mit einem klaren »A!«. Melanies Mutter weiß, dass das »Ja« heißt. Es fällt Melanie noch sehr schwer, Wörter zu sprechen. Daran arbeitet sie mit Frau Knüver mehrmals pro Woche und sie macht auch Fortschritte. Damit Melanie im Hier und Jetzt kommunizieren kann, nutzt sie eine Talker-App auf ihrem Tablet. Damit kann sie die wichtigen Dinge, die alltäglich vorkommen, über Symbole kommunizieren und längere Nachrichten schreibt sie über die Tastatur. Manchmal ist Melanie sehr frustriert oder alles wird einfach zu viel. »Sie flippt dann aus«, sagen die Lehrer. Melanies Eltern bevorzugen das Wort »Meltdown« und Melanie selbst schrieb letztens »Kopf-kaputt«. Melanie hat dann keine Kontrolle mehr über sich. Das Tablet fliegt durch den Raum. Beim letzten Mal war es wieder hinüber und es hat über eine Woche gedauert, bis ihre Eltern einen Ersatz hatten und die App wieder entsprechend auf Melanie eingestellt war. Melanie kann zwar mit der Stimme deutlich machen, ob ihr etwas gefällt, zum Beispiel »ja« und »nein« kommunizieren, aber bei komplexeren Botschaften wird es schwerer.

6.1 Was ist »Unterstützte Kommunikation«?

Der Begriff »Unterstützte Kommunikation« (UK) betrifft alle Formen, mit denen wir im Alltag das Fehlen einer gesprochenen Sprache ersetzen oder ergänzen. Dies können körpereigene Mittel wie Gebärden, aber auch körperfremde Mittel wie Bildkarten oder elektronische Mittel wie Talker (also Geräte mit elektronischer Sprachausgabe) sein. Der nächste Kasten gibt eine Übersicht über beispielhafte Mittel der Unterstützten Kommunikation. Diese Art der Ersetzung oder Ergänzung sprachlicher Kommunikation hilft Menschen, die keine Lautsprache entwickelt haben, aber auch denen, die nicht in allen Situationen auf ihre Lautsprache zugreifen können.

> **Reflexionsfrage:**
> Wo haben Sie bereits beruflich oder privat alternative Kommunikationsformen zur gesprochenen Sprache benutzt?

> **Beispiele: Mittel der Unterstütztem Kommunikation**
>
> - **Bildsymbole:** Grafische Darstellungen von Wörtern, Konzepten oder Handlungen, die verwendet werden, um Kommunikation zu unterstützen. Sie können auf Karten, Tablets oder speziellen Kommunikationshilfen angeordnet sein.
> - **Gebärden und Körpersprache:** Gesten, Gebärden und sonstige Bewegungen werden verwendet, um Wörter, Ideen, Emotionen oder Bedürfnisse (Wunsch/Ablehnung) auszudrücken.
> - **Kommunikationskarten:** Verwendung von Karten, die Wörter, Symbole oder Bilder enthalten, die eine Person auswählen kann, um ihre Bedürfnisse, Gedanken oder Emotionen auszudrücken. Sie können in einem Kommunikationsbuch angeordnet sein.

6.1 Was ist »Unterstützte Kommunikation«?

- **Sprachausgabegeräte:** Elektronische Geräte, die durch Berührung, Tasten oder Augensteuerung bedient werden können und Wörter oder Sätze sprechen oder anzeigen können, die von der Person ausgewählt wurden. Diese Geräte können sowohl vorprogrammierte als auch individualisierte Nachrichten wiedergeben.

Am Beispiel von Melanie sehen wir, wie die verbale Kommunikation für den Moment weitgehend durch eine App ersetzt wird, während Melanie mit ihrer Logopädin an der Lautbildung arbeitet. Das gibt Melanie die Möglichkeit, über Unterstützte Kommunikation zu kommunizieren, bis sie irgendwann mehr mündlich kommuniziert. Außerdem ist Unterstützte Kommunikation hilfreich für Menschen, deren Lautsprache für Dritte nicht verständlich ist. Wenn eine Person Schwierigkeiten damit hat, Sprachlaute zu produzieren, kann es für beide Seiten erleichternd sein, in bestimmten Situationen Bildkarten oder einen Talker zu nutzen. Hier kommt die UK als ergänzendes Mittel zum Zug. In manchen Fällen hat ein autistischer Mensch Lautsprache entwickelt, kann aber nicht in allen Situationen darauf zugreifen. Dies können zum Beispiel Situationen in der Schule sein, wenn es besonders »wuselig« wird. Oder besondere Situationen, wenn die Person Hilfe benötigt. Auch hier kann Unterstützte Kommunikation ergänzen. Die Person kann in diesen Momenten z. B. auf Bildkarten oder Schriftkärtchen zurückgreifen.

Wichtig für Eltern autistischer Kinder ist, dass eine Hinwendung der therapeutischen oder pädagogischen Fachpersonen zur UK nicht bedeutet, dass diese die Förderung der lautsprachlichen Entwicklung eines Kindes aufgegeben haben. Gerade im Autismus-Spektrum ist es für die Betroffenen oft schwer, bedeutsame Sprache aus dem sonstigen Chaos von Reizen herauszufiltern. Ebenso kann es schwer sein, zu verstehen, wie Lautsprache zur Kommunikation gebraucht wird. Dieses Verstehen kann durch das Kommunizieren mit Bildkarten unterstützt werden, so dass durch das tiefere Erfassen des kommunikativen Aktes auch der Weg in die Lautsprache geebnet wird. In diesem Kapitel werden Grundsätze der Unterstützten Kommunikation dargestellt. Außerdem werden mit Hilfe von Beispielen einige Mittel der UK in Bezug auf das Autismus-Spektrum erklärt und diskutiert. Es geht hier nur um eine erste Orientierung. Um die beschriebenen Mittel sicher anzuwenden, braucht es Zeit und Erfahrung. Es gibt zu einigen Mitteln der UK gezielte Fortbildungen und Bücher, die ein tieferes Eintauchen in die Methodik ermöglichen.

6.2 Grundprinzipien der Unterstützten Kommunikation

Wir wollen uns zunächst einer Auswahl von Grundprinzipien nähern. Diese sind wichtig, wenn wir uns überhaupt mit Unterstützter Kommunikation befassen – ob im Autismus-Spektrum oder bei Menschen mit anderen Erschwernissen der Kommunikation.

Der folgende Kasten gibt eine Übersicht über die Auswahl der Grundprinzipien, die wir in diesem Kapitel besprechen.

Grundprinzipien der Unterstützten Kommunikation (UK)

- UK ist mehr als nur Bedürfnisäußerung
- UK sollte gezielt angepasst werden
- UK sollte in allen Situationen zugänglich gemacht werden
- Das soziale Umfeld muss bei der Nutzung der UK unterstützt werden
- Es ist wichtig, ethische Themen zu erkennen, zu diskutieren und umzusetzen

---

6.2 Grundprinzipien der Unterstützten Kommunikation

> **Reflexionsfrage:**
> Bevor Sie die weiteren Abschnitte lesen, machen Sie sich zu jedem Punkt ein paar Gedanken: Was könnte sich dahinter verbergen? Was sind Ihre Einstellungen und Erfahrungen zu den Punkten?

Unterstützte Kommunikation ist mehr als nur Bedürfnisäußerung. Häufig ist der Blick auf die Unterstützte Kommunikation in Kindergärten, Schulen, Wohngruppen oder Beschäftigungsstätten noch auf wenige Funktionen begrenzt. Für Menschen ohne funktionale verbale Sprache hat die Unterstützte Kommunikation aber nicht nur den Zweck, dass Bedürfnisse kommuniziert werden können. Die Kommunikationsmittel sollten auch der Beziehungsgestaltung dienen (dazu gehören auch Witze machen, Fluchen und Zärtlichkeiten) oder dazu, von sich zu erzählen. Van Grunsven und Roeser (2022) betonen außerdem, dass wir in der Erarbeitung von Kommunikationsmitteln mit nichtsprechenden autistischen Menschen nicht unbedingt neurotypische Standards der Gesprächsführung und der sozialen Konventionen voraussetzen sollten. Eine wirkliche Akzeptanz von Neurodiversität bedeute, dass autistische Menschen ihre eigene Art des Sprachgebrauchs auch über die Unterstützte Kommunikation ausdrücken könnten. Dazu gehört zum Beispiel das Stimming, also selbst stimulierendes Verhalten. Dies kann sich darin ausdrücken, dass jemand zählt oder bestimmte Laute oder Wörter immer wieder produziert, weil sich dies schön anfühlt und es eine positive Wirkung auf die eigenen Gefühle hat (z. B. Beruhigung, Fokussierung bei Nervosität oder Reizüberflutung). Van Grunsven und Roeser (2022) sprechen außerdem davon, dass die Hinwendung zur Unterstützten Kommunikation die »empathische Wende« eingeleitet habe. Damit ist gemeint, dass nicht sprechende Menschen im Autismus-Spektrum mehr und mehr als Menschen mit eigenem vielfältigem Innenleben anerkannt werden. Eine gut entwickelte Unterstützte Kommunikation kann neurotypischen Menschen einen Zugang zum Erleben eines nicht lautsprachlich kommunizierenden autistischen Menschen ermöglichen. Dies ist jedoch nur möglich, wenn die UK auch Äußerungen außerhalb dessen möglich macht, was das Umfeld erwartet oder wünscht. Wenn einem 16-jährigen Jugendlichen die von der Logopädin gespeicherten Schimpfwörter aus dem Talker gelöscht werden (oder gar der Talker weggenommen wird), weil er sich nach dem Empfinden seines Umfeldes damit über die Maße ausagiert hat, stellt dies einen Machtmissbrauch über das Kommunikationsmittel des Jugendlichen dar. Auch wenn ein Kommunikationsmittel nur über sogenannten »pattern drill«, also vorgegebene Satzmuster, arbeitet, kann die Person damit nicht flexibel agieren. Sie kann dann unter Umständen nur die vom Umfeld erwünschten Bedürfnisse äußern. Dass jemand weggehen oder leise sein soll, ist dann für diese Person nicht äußerbar. Wie in der verbalen Sprachanbahnung bedeutet eine einfache Ein- oder Zweiwortebene für den Anfang meist mehr Flexibilität.

UK sollte gezielt angepasst werden. Eine erfolgreiche Arbeit mit Unterstützter Kommunikation basiert darauf, dass Fachpersonen zuerst herausfinden, welche Art von UK für einen Menschen geeignet ist und wie die ersten Schritte vermittelt werden sollten. Es ist üblich, dass sich im Verlauf der Entwicklung einiges verändert und neue Ideen entwickelt werden müssen. Dieser Prozess beginnt mit der Frage, ob Unterstützte Kommunikation ein geeignetes Mittel für die Person ist und was das Ziel sein kann (z. B. Ersetzung, Ergänzung oder ein erstes Verständnis verbal-sprachlicher Kommunikation). Außerdem stellt sich die Frage, welches Mittel der UK geeignet ist und wie dieses angeboten werden könnte. Der Weg der Person zur UK ist eine zentrale Frage. Dass Gebärden, Bildkarten oder ein Talker ein gutes Medium für eine Person darstellen, heißt nicht, dass diese das Mittel von Anfang an souverän bedienen kann. In vielen Fällen ist es wichtig, zuerst gemeinsam Grundlagen zu erarbeiten.

Um festzustellen, ob ein Kommunikationssystem für eine Person geeignet ist und welche Ziele damit erreicht werden können, sollten verschiedene Methoden verwendet werden. Dazu gehören formelle und informelle Tests, Beobachtungen, Interviews mit dem sozialen Umfeld der Person sowie die professionelle Einschätzung von Fachkräften für Kommunikation (Sprachtherapeuten oder UK-Experten). Außerdem steckt in diesem Prozess immer ein Stück »Ausprobieren«, um zu überprüfen, ob eine Idee passt oder nicht. Ein wichtiges Thema sind die Kommunikationsbedürfnisse und -motivationen der jeweiligen Person. Wichtig sind auch Informationen über die Motorik, das Denken (Kognition), Lese- und Schreibfähigkeiten sowie die Kommunikationsfähigkeiten der Person.

Jennifer B. Ganz (2014) schlägt in ihrem Buch zur Unterstützten Kommunikation im Autismus-Spektrum vor, sich an einer Struktur über verschiedene Kategorien zu orientieren. Eine gestraffte Version ihrer Struktur findet sich im folgenden Kasten.

Anpassung von Unterstützter Kommunikation (Ganz 2014)

Physische Aspekte: Wie ist die autistische Person im Hinblick auf ihre Motorik? Gibt es besondere Vorlieben, Bedürfnisse oder Einschränkungen? Gibt es Hinweise darauf, dass die Person mit einer bestimmten Art von Bedienelementen (im technischen Bereich, zum Beispiel ipad) oder sonstigen Medien (z. B. Bildkarten) Erfahrung hat?

Funktionale Aspekte: Wann, wo, wie und wozu finden im Alltag bereits Interaktionen statt? Hier sollten Situationen aufgelistet und ausgeführt werden, in denen bereits Interaktionen oder Kommunikation entstehen. Dazu gehört auch, zu untersuchen, welche Versuche zur Kommunikation schon unternommen wurden. Im Verlauf dient dies auch dazu, zu untersuchen, wo Kommunikation im Alltag unterstützt oder angeregt werden kann.

Aspekte der Sprache und des Symbolgebrauchs: Werden Symbole bereits verstanden oder genutzt? Notierung eventueller Sprachäußerungen. Herausfinden, welche Funktionen Sprachäußerungen schon haben (z. B. kommunikativ oder stimulativ) sowie welche Form (echolalisch, Einwortebene etc.) diese aufweisen.

Eindrücke zum Sprachverstehen im Alltag. Kann die Person bereits (und sei es in Ansätzen) lesen oder schreiben?

Soziale Aspekte: Untersuchung des kommunikativen Umfeldes des Kindes. Mit welchen Personen interagiert die Person/könnte sie interagieren? In welcher Beziehung stehen diese Menschen zur autistischen Person? Wie geschult/erfahren sind diese Menschen und welche Einstellungen haben sie zur Unterstützten Kommunikation?

Kulturelle Aspekte: Was sind Werte, Überzeugungen und Erwartungen der Familie oder anderer Menschen im sozialen Umfeld der autistischen Person? Welche Wünsche, Ängste oder Erfahrungen haben diese Personen?

UK soll in allen Lebensbereichen zugänglich sein. Der dritte Bereich ist die Einbeziehung in den Alltag. Dieser Bereich wird oft stark vernachlässigt. In vielen Fällen wird die Unterstützte Kommunikation in einem Lebensbereich der Person gefördert, während sie in anderen Situationen kaum Anwendung findet. Familien autistischer UK-Nutzer fühlen sich oft mit der Aufgabe, eine Kommunikation über die UK zu ermöglichen, allein gelassen. Hier ist es wichtig zu erkennen, dass auch die neurotypische Person Anleitung und begleitete Erfahrung benötigt, um mit einem ihr neuen Kommunikationsmittel zurecht zu kommen und gemeinsame kommunikative Routinen zu entwickeln. Miteinander Spaß haben, einander ärgern, zärtlich sein, einander begrüßen und vom Tag erzählen, sind vielfältige kommunikative Funktionen, die mit einer UK anders strukturiert sind als mit verbaler Sprache. Familien benötigen eine Begleitung, die zuhört, einen Teil des Alltags mit ihnen erlebt, Fachkompetenz und Ideen gleichermaßen mitbringt. Diese Aufgabe kann nur schwer aus einem anderen Setting, z. B. der logopädischen Praxis oder der Schule, aus geleistet werden. Sie erfordert eine Person, die ins Zuhause der Familie kommt. Zur Umsetzung in Institutionen, wie z.B. Schulen oder Arbeitsstätten, bedarf es eines Konzeptes, das für alle pädagogischen Fachkräfte verbindlich ist und von allen getragen und umgesetzt wird (Scheble 2024). Das soziale Umfeld muss bei der Umsetzung von UK unterstützt werden. Ein einfaches Aushändigen der Bildkarten für zu Hause oder die Lieferung eines Talkers führen nicht dazu, dass die Unterstützte Kommunikation im Alltag genutzt wird.

Mit UK arbeiten heißt auch, ethische Themen zu erkennen, zu diskutieren und umzusetzen. Die UK wird häufig zuerst in der Essens-Situation integriert. Das Setting wird von pädagogischen oder therapeutischen Fachpersonen oft so gestaltet, dass der UK-Nutzer an die Lebensmittel nicht direkt herankommt und diese über die Unterstützte Kommunikation einfordern muss. Manchmal würde die Person auch die Dinge nehmen können, ist aber trotzdem gefordert, erst zu kommunizieren. Der Start über die Bedürfnisäußerung in Verbindung mit Essen scheint zuerst meist der einfachste Weg zu sein. Wir sollten uns hier aber bewusst sein, dass wir es mit einem Grundbedürfnis zu tun haben. Dass Melanie sich am Nachmittag bei der Erzieherin ihre Lieblingssüßigkeit über die UK einfordert, ist eine andere Situation als der Frühstückstisch. Das Grundbedürfnis des Essens unter eine Bedingung zu stellen (die der Kommunikation) ist kritisch. Man stelle sich vor, andere Grundbedürfnisse (schlafen, Toilette) unter Bedingungen zu stellen. Die Idee »Die bekommt das, wenn Sie das Bild zeigt« sollte bei Grundbedürfnissen in pädagogischen und therapeutischen Teams kritischer diskutiert werden.

6.3 Kommunikation über Bilder und Symbole

Sichtbare Reize sind zuverlässiger als hörbare Reize. Hörbare Reize, wie zum Beispiel gesprochene Worte, sind oft flüchtig und können leicht überhört oder vergessen werden. Gedruckte Bilder hingegen bleiben bestehen und sind immer wieder abrufbar. Für viele autistische Menschen ist dies besonders wichtig, wenn es um die Kommunikation geht.

Eine klare visuelle Darstellung kann Missverständnisse vermeiden und Sicherheit geben. Stellen Sie sich vor, Sie sagen zu Melanie: »In fünf Minuten machen wir Schluss.« Diese Information ist hörbar, aber schnell wieder weg. Melanie könnte den genauen Wortlaut vergessen oder nicht richtig verstanden haben. Es könnte auch sein, dass sie kein Gefühl für »fünf Minuten« hat. Geben Sie ihr stattdessen eine Sanduhr oder noch besser einen »Time-Timer«, bei dem die ablaufende Zeit am Zifferblatt sichtbar ist, wird die Information für Melanie verlässlicher. Auf dieser Uhr kann Melanie sehen, wie die fünf Minuten vergehen. Der visuelle Reiz bleibt bestehen und hilft ihr, die verbleibende Zeit besser zu verstehen und sich darauf einzustellen. Kommunikation über Bilder und Symbole kann mit Menschen im Autismus-Spektrum auf beiden Wegen genutzt werden: Um das Verstehen einer Person zu unterstützen oder ihre eigene kommunikative Äußerung zu ermöglichen. Der folgende Kasten nennt einige Methoden, die für die entsprechenden Kommunikationswege genutzt werden können.

Kommunikation über Bilder und Symbole – Beispielhafte Methoden

1. Unterstützung des Verstehens:
   - Visuelle Strukturierung nach TEACCH
2. Unterstützung kommunikativer Äußerungen:
   - Picture Exchange Communication System (PECS)
   - Trans-Piks nach Maria Lell

Das Visualisieren zur Unterstützung des Verstehens und der Orientierung ist eine Methode, die unter dem Titel »visuelle Strukturierung« oder »structured teaching« aus dem TEACCH-Programm (Treatment and Education of Autistic and related Communication handicapped Children) stammt. Symbole und Bilder werden hier verwendet, um Anweisungen zu geben, Aufgaben zu strukturieren und Kommunikationsbarrieren zu überwinden. So werden zum Beispiel Tagesabläufe und Aktivitäten in Form von visuellen Zeitplänen dargestellt, oft mit Bildern oder Symbolen, die die einzelnen Aktivitäten darstellen.

Wichtig ist hier eine Einschätzung darüber, wie sehr die autistische Person bereits abstrahieren kann. Reichen ein Symbol oder eine Skizze oder muss es ein Foto, vielleicht sogar ein Farbfoto des exakten Gegenstands sein? Eine genaue Einführung in die Methode gibt Anne Häußler in ihrem TEACCH-Leitfaden (2022).

Kann eine autistische Person noch keine gesprochene Sprache nutzen, kann dies daran liegen, dass sie den kommunikativen Akt als solchen noch nicht verstanden hat. Hiermit ist gemeint, dass für die Person noch nicht klar ist, dass »etwas für etwas steht«, also ein Wort für seinen Inhalt und eine Sprachäußerung zum Beispiel ein Bedürfnis transportiert. Die Kommunikation über ein Bildkartensystem anzubahnen, hat sich hier besonders bewährt. Das »Picture Exchange Communication System«, kurz auch PECS genannt, wurde mit besonderem Augenmerk auf autistische Menschen entwickelt und macht Kommunikation Schritt für Schritt über die Arbeit mit Bildkarten nachvollziehbar. Der Ansatz erfolgt über mehrere Schritte, in denen die Person nach und nach lernt, dass die Bildkarte für ein Ding oder eine Aktion steht, die vom Gegenüber eingefordert wird. Eine Übersicht über diese Schritte findet sich im folgenden Kasten.

Picture Exchange Communication System (PECS) – Phasen
Phase 1: Bildaustausch initiieren
Phase 2: Spontane Kommunikation
Phase 3: Bilddifferenzierung
Phase 4: Satzstruktur
Phase 5: Beantwortung von Fragen
Phase 6: Kommentieren

Eine kanadische Forschergruppe weist darauf hin, dass über PECS durchaus Erfolge erreicht werden können. Es hängt jedoch von einer Vielzahl an Faktoren ab, wie weitreichend diese Erfolge sind. Wichtig erschien hier vor allem, dass die Methode früh in verschiedenen Situationen angewendet wird, damit die autistische Person einen Transfer schafft und das Herausgeben der Bildkarte nicht nur in Bezug auf eine Situation oder einen bestimmten Kontakt abspeichert (Koudys u. a. 2023). Wichtig ist auch zu verstehen, dass die Phase der Satzebene keinen sprachlichen Grammatikaufbau darstellt. Wir haben bereits darüber gesprochen, dass der Aufbau von Grammatik weniger über das Einüben von Mustern als über die ersten Kombinationen von Wörtern erfolgt. Flippin, Reszka und Watson (2010) bestätigen dies mit ihrer Studie, in der die Kinder nach Phase IV deutlich weniger Erfolge zeigen. Die Logopädin und klinische Lerntherapeutin Maria Lell hat mit TRANS-PIKS ein System entwickelt, das sich in der Erweiterung des sprachlichen Repertoires enger an den natürlichen Prozessen des Aufbaus von Grammatik und Sätzen orientiert (Lell 2017). Hier entsteht ein echter Satzbau über die erste Kombination von Wörtern, so dass eine flexible Satzebene entsteht. Das Kind kann auch Mitteilungen ausdrücken, die nicht erarbeitet wurden. Der Ansatz ist im Übrigen näher an einem Umgang mit Kommunikation, der Spaß (miteinander Quatsch machen) und emotionale Aussagen mehr integriert (Lell 2017, 94).

> **Reflexionsfrage:**
> Warum ist die Kommunikation über Abbildungen für autistische Menschen manchmal einfacher oder verlässlicher? Machen Sie den Versuch einer Erklärung!

Quellen

Flippin, M., Reszka, S., & Watson, L. R. (2010): Effectiveness of the Picture Exchange Communication System (PECS) on Communication and Speech for

Children with Autism Spectrum Disorders: A Meta-Analysis. *American Journal of Speech-Language Pathology, 19*(2), 178–195. https://doi.org/10.1044/1058-0360(2010/09-0022)

Häußler, A. (2022): Der TEACCH Ansatz zur Förderung von Menschen mit Autismus: Einführung in Theorie und Praxis. Dortmund: Verlag modernes Lernen

Koudys, J., Perry, A., Magnacca, C., & McFee, K. (2023): Predictors of Picture Exchange Communication System (PECS) outcomes. *Autism & Developmental Language Impairments, 8*, 23969415231221516–23969415231221516. https://doi.org/10.1177/23969415231221516

Lell, M. (2017): TRANS-PIKS: Transfer von Symbolen – ein Programm für interaktives Kommunikations- und Sprachtraining. *Sprachförderung und Sprachtherapie* (2) 2017, 91–99

Scheble, P. (2024): Die Implementierung von Unterstützter Kommunikation im Beschäftigungs- und Förderbereich: Ein Konzept am Beispiel der Fördergruppe 1 im LWERK Berlin Brandenburg GmbH. Unveröffentlichte Abschlussarbeit der Heilerziehungspflege.

6.4 Kommunikation über Körpersprache und Gebärden

Wenn Säuglinge beginnen, sprechen zu lernen, nutzen sie nicht nur Wörter, sondern auch Gesten, um zu kommunizieren. Gesten stellen einen bedeutenden Meilenstein in der Entwicklung von Säuglingen und Kleinkindern dar, da sie die sprachliche und kognitive Entwicklung erleichtern. Es wird angenommen, dass die Symbole in Gesten gemeinsame Ursprünge mit den sprachlichen Symbolen der gesprochenen Sprache haben. Beide, sowohl die symbolischen Fähigkeiten bei Gesten als auch bei der gesprochenen Sprache, erfordern mentale Repräsentationen. Daher sind Gesten potenziell eng mit dem Spracherwerb verbunden. Eine Studie von Wu und Kollegen (2023) zeigte, dass Säuglinge, die später mit Autismus diagnostiziert werden, weniger Gesten verwenden und ein langsameres Wachstum der Gestennutzung aufweisen. Vor dem Alter von zwei Jahren produzieren autistische Kinder oft weniger Gesten und verfügen über ein kleineres Gesteninventar als neurotypische Kinder. Gestische Kommunikation kann das Verstehen von Gesprochenem unterstützen. Hier liegt die Betonung darauf, dass dies nicht zwingend für alle autistischen Menschen der Fall sein muss. Es kann auch sein, dass Gesten, die ein Sprecher nutzt, um seine Lautsprache zu untermalen, als Herumfuchteln wahrgenommen werden und für die autistische Person eher zum kommunikativen Reizchaos führen. Wenn Gesten als hilfreich wahrgenommen werden und sprachbegleitend eingesetzt werden, sollten dies sogenannte ikonische Gesten sein. Ikonische Gesten sind Gesten, aus deren Gestalt man den Bedeutungsinhalt direkt ablesen kann. Der folgende Kasten klärt die Unterscheidung verschiedener Arten von Gesten und den Begriff der Gebärden.

Definitionen: Gesten und Gebärden

Gesten
sind allgemein und nicht notwendigerweise nach festgelegten Regeln geformt. Sie können jede nonverbale, nonvokale Äußerung umfassen, wie z.B. die Begleitgestik beim Sprechen. Gesten sind ganzheitlich, d.h., sie transportieren ihre Bedeutung analog und sind stark kontextabhängig.

Ikonische Gesten
stellen konkrete Objekte, Aktionen oder Ereignisse dar. Sie haben eine direkte, visuelle Verbindung zu dem, was verbal beschrieben wird. Zum Beispiel könnte ein Sprecher, der über einen Vogel spricht, der fliegt, seine Hände in einer flatternden Bewegung bewegen, um den Flug des Vogels zu demonstrieren.

Metaphorische Gesten
repräsentieren abstrakte Konzepte anstelle konkreter Objekte.

Obwohl sie auch bildhaft sind, beziehen sie sich auf Ideen oder Konzepte, die nicht physisch greifbar sind. Ein Beispiel für eine metaphorische Geste wäre das Öffnen der Hände, um eine Geschichte einzuleiten, wobei die Geste symbolisch die Idee des »Öffnens« oder »Einleitens« eines Themas darstellt. Diese Gesten helfen dabei, abstrakte Gedanken greifbarer und verständlicher zu machen, indem sie eine visuelle Komponente hinzufügen.

Gebärden
sind spezifische Handzeichen, die in der Gebärdensprachforschung als konventionelle, nach linguistischen Regeln gebildete körpereigene Zeichen verstanden werden. Sie repräsentieren bestimmte Bedeutungen und sind oft Teil einer strukturierten Gebärdensprache, die mit grammatikalischen Regeln vergleichbar ist. Gebärden sind also formalisiert und haben feste Bedeutungen innerhalb eines Sprachsystems.

Ein australisches Forschungsteam (Dargue, Sweller & Carter 2021) nimmt an, dass eine gut dosierte Begleitung von gesprochener Sprache durch ikonische Gesten bei manchen autistischen Kindern dazu führen kann, dass diese aufmerksamer für den Sprecher und die gegebenen Informationen sind. Die genutzten Gesten könnten wichtige Inhalte betonen und es dem Zuhörer ermöglichen, sich auf diese zu fokussieren. Wichtig sei hierbei jedoch, dass die Geste klar erkennbare Ähnlichkeiten mit dem Sinngehalt habe (z. B. das Nachahmen von Flügelbewegungen, wenn es um das Losfliegen eines Vogels geht).

In diesem Fall hat die pädagogische Person die Gesten genutzt. Gerade bei nichtsprechenden autistischen Menschen gibt es allerdings auch die Überlegung, ob das Erlernen von Gebärden nicht neben dem Verstehen auch das aktive Kommunizieren der autistischen Person fördern könnte. Hin und wieder äußern Eltern oder Pädagogen die Befürchtung, dass die Nutzung von Gebärden oder anderen Hilfsmitteln die Sprachentwicklung beeinträchtigen könnte. Es gibt wissenschaftlich hierauf jedoch keine Hinweise. Studien zeigen sogar, dass Kinder durch die Nutzung solcher Hilfsmittel ihre Sprachfähigkeiten verbessern können (Tan et al. 2014).

Das Gebärden von Schlüsselwörtern wird auch Lautsprachbegleitendes Gebärden genannt. Das grundlegende Ziel ist die Unterstützung der Entwicklung und die Nutzung von Gebärden für die funktionale Kommunikation. Insbesondere soll es Kindern und Erwachsenen helfen, ihre Bedürfnisse oder Wünsche auszudrücken, Informationen auszutauschen, soziale Nähe aufzubauen und soziale Etikette (z.B. das Begrüßen oder Verabschieden) zu üben. Schlüsselwörter werden also von der pädagogischen Person durch Gebärden begleitet, das Kind selbst wird auch ermutigt, diese zu nutzen. Wichtig wäre hier wieder der Aufbau, wie wir ihn zur Sprachanbahnung besprochen haben. Die autistische Person sollte die Erfahrung machen, dass der Schlüsselbegriff, ob nun gesprochen oder gebärdet, eine angenehme Erfahrung in Gang setzt. Es sollten also auch hier keine Begriffe »auswendig gelernt« werden. Es ist sicher toll, wenn man sagen kann, dass ein Kind 20 Begriffe gebärden kann. Wenn diese aber nicht im Alltag eingesetzt werden, dient das Lernen nicht der Kommunikation. Es sollten immer Begriffe sein, die eine Bedeutung im Alltag des Kindes haben. Aus den Erfahrungen mit ikonischen Gesten lernen wir: Die Gebärden sollten nicht völlig abstrakt sein, sondern das Gemeinte darstellen. Eine australische Forschungsgruppe (Tan et al. 2014) erarbeitete sprachbegleitende Gebärden mit nichtsprechenden autistischen Kindern. Alle drei Kinder begannen nach und nach, Gebärden zu verwenden. Die Forscher betonen, dass in ihrem Ansatz die Gebärden zusammen mit der gesprochenen Sprache präsentiert wurden. Weiter wurde betont, dass das Gebärden keine negative Wirkung auf die Lautsprache der Kinder hatte, sondern diese eher voranbrachte.

Insgesamt sollte genau beobachtet werden, ob die Methode lautsprachbegleitender Gebärden, bzw. das Gebärden weniger Schlüsselwörter für einen individuellen autistischen Mensch ein gutes Mittel der Wahl ist. Hier gilt es, auszuprobieren und dabei genau zu beobachten.

> **Reflexionsfrage:**
> Für wen sind Gebärden eventuell eine sinnvolle Hilfe, für wen nicht? Was sollten Sie beachten, wenn Sie versuchen, mit Gebärden zu unterstützen?

Quellen

Dargue, N., Sweller, N., & Carter, M. (2021): Short report: Learning through iconic gesture in autism spectrum disorder. *Research in Developmental Disabilities, 115*, 104000–104000. https://doi.org/10.1016/j.ridd.2021.104000

Tan, X. Y., Trembath, D., Bloomberg, K., Iacono, T., & Caithness, T. (2014): Acquisition and generalization of key word signing by three children with autism. *Developmental Neurorehabilitation, 17*(2), 125–136. https://doi.org/10.3109/17518423.2013.863236

Wu, D., Wolff, J. J., Ravi, S., Elison, J. T., Estes, A., Paterson, S., St John, T., Abdi, H., Moraglia, L. E., Piven, J., & Swanson, M. R. (2024). Infants who develop autism show smaller inventories of deictic and symbolic gestures at 12 months of age. *Autism Research, 17*(4), 838–851. https://doi.org/10.1002/aur.3092

6.5 Elektronische Hilfen

Gerade für Menschen, die eine zusätzliche dyspraktische Komponente zeigen und denen es daher sehr schwerfällt, Sprachlaute zu bilden, kann eine Unterstützte Kommunikation über ein elektronisches Sprachausgabegerät sinnvoll sein. Elektronische Hilfen reichen von Apps für das Mobiltelefon oder das Tablet bis hin zu eigenen »Talkern«, also für den Zweck der Unterstützten Kommunikation entwickelten Sprachausgabegeräten. Sie müssen genau auf den Bedarf und die Fähigkeiten des Nutzers angepasst werden. Während für Menschen, die einen Rollstuhl benutzen, ein größeres Gerät praktisch am Rollstuhl befestigt werden kann, ist die

Nutzung eines solchen Gerätes für ein Kind, das im Kindergarten umherspringt, undenkbar. Ebenso stellt sich die Frage, wie komplex die Oberfläche, über die Wörter oder Botschaften ausgewählt werden, sein darf. Kommt die Person mit Unter-Menüs zurecht? Können Sätze gebildet werden? Funktioniert das Gerät über Bilder oder tippt man schriftliche Botschaften ein? Familien stehen bei der Nutzung dieser Technologien vor erheblichen Herausforderungen. Dazu zählen der Mangel an Schulungen zur Bedienung, Reparatur und Programmierung der Geräte sowie inkonsequente Dienstleistungserbringung und die Unzugänglichkeit professioneller Dienste. Die rasanten Fortschritte in der Technologie, von Apps und mobilen Geräten führen zwar zu immer besseren Lösungen, erschweren aber auch die Recherche und die Beratung. Selbst Profis der Unterstützten Kommunikation wissen nicht immer über die neuesten Entwicklungen Bescheid. Patricia West und Kolleginnen (2023) befragten Eltern von Kindern, die mit technischen Hilfsmitteln kommunizieren, nach den Herausforderungen, die sie als Familien erlebten.

Jugendliche mit herausforderndem oder impulsivem Verhalten können zum Beispiel Schwierigkeiten bei der Nutzung von Geräten aufgrund der Schadensanfälligkeit haben. Wir haben dies an Melanies Beispiel erfahren. Tablets fallen im Alltag auf den Boden oder werden sogar geworfen und müssen regelmäßig ersetzt werden. Der Kauf, die Reparatur und die Wartung der Geräte stellen eine erhebliche finanzielle Belastung dar, wobei auch bürokratische Probleme mit Versicherungen auftreten können, wenn es darum geht, diese Kosten abzudecken. Während der Zeit, in der repariert wird oder ein Ersatz gesucht wird, ist dem Nutzer des Geräts sein Kommunikationsmittel genommen. Oft ist der Wortschatz auf den Geräten begrenzt, was bedeutet, dass bestehende Symbole gelöscht werden müssen, damit neue hinzugefügt werden können. Dies schränkt die Kommunikation ein, verunsichert den Nutzer und erfordert zusätzlichen Aufwand. Viele Schulmitarbeiter haben nicht genügend Wissen über die Funktionsweise und den Einsatz von Kommunikationsgeräten, was zu einer unzureichenden Einbindung

6.5 Elektronische Hilfen

in den Schulalltag führt. Dies kann den Nutzen der Geräte erheblich einschränken.

Eltern und Jugendliche, die technische Hilfsmittel zur Kommunikation nutzen, erfahren oft zu wenig Unterstützung von einem Netzwerk anderer Eltern und Jugendlicher in ähnlichen Situationen. Dies führt zu Isolation und einem Mangel an Austauschmöglichkeiten. In der Öffentlichkeit gibt es häufig Vorurteile und eine mangelnde Akzeptanz gegenüber der Nutzung von Kommunikationsgeräten. Besonders auf Reisen, beispielsweise im Flugzeug, können Nutzer von Kommunikationsgeräten unangenehm auffallen und auf Ablehnung stoßen. Die Kommunikationsmittel werden rasch als Spielgeräte abgetan.

Um diese Herausforderungen zu bewältigen, gibt es verschiedene Ansätze, die Eltern und Pädagogen unterstützen können. Es besteht ein deutlicher Bedarf an umfassender Beratung und regelmäßigen Schulungen für Eltern und Fachpersonal, um das Wissen über die Geräte zu erweitern und deren Einsatz zu optimieren. Der Ausbau einer soliden Infrastruktur zur Versorgung mit passenden Hilfsmitteln ist essenziell. Dies umfasst sowohl den Zugang zu den Geräten selbst als auch zu deren Wartung und Reparaturdiensten. Durch gezielte Öffentlichkeitsarbeit und Aufklärung kann das Verständnis und die Akzeptanz in der Gesellschaft gefördert werden. Dies hilft, Vorurteile abzubauen und die Integration der Nutzer von technischen Hilfsmitteln zu verbessern. Die Schaffung und der Ausbau von Netzwerken für Eltern und Nutzer sind ebenfalls von großer Bedeutung. Solche Netzwerke bieten Unterstützung, Austauschmöglichkeiten und helfen, sich gegenseitig zu stärken und zu informieren. Der folgende Kasten enthält Informationen zu solchen Netzwerken und weiterer Infrastruktur.

> **Netzwerke und weitere Infrastruktur zur Kommunikation mit Talkern & Co**
>
> - Gesellschaft für Unterstützte Kommunikation: https://www.gesellschaft-uk.org
> - CLUKS Forum (Computergestütztes Lernen und Unterstützte Kommunikation für Schülerinnen und Schüler mit einer körperlichen/geistigen Beeinträchtigung): https://www.cluks-forum-bw.de
> - Beratungsstellen zur Unterstützten Kommunikation (jeweils regional unterschiedlich – am besten mit dem jeweiligen Ort in die Suchmaschine eingeben)
> - Sprachcomputerberatung: https://www.sprachcomputerberatung.de/sprachcomputer-autismus.htm
> - plimplom: Soziales Netzwerk für Menschen mit Beeinträchtigungen https://www.plimplom.ch

Zum Weiterlesen

Häußler, A. (2022): Der TEACCH Ansatz zur Förderung von Menschen mit Autismus: Einführung in Theorie und Praxis. Dortmund: Verlag modernes Lernen

Wilken, E. (Hrsg.) (2021): Unterstützte Kommunikation. Eine Einführung in Theorie und Praxis. Stuttgart: Kohlammer Verlag.

Quellen

van Grunsven, J., & Roeser, S. (2022): AAC Technology, Autism, and the Empathic Turn. *Social Epistemology, 36*(1), 95–110. https://doi.org/10.1080/02691728.2021.1897189

West, P., Jensen, E. J., Douglas, S. N., Wyatt, G., Robbins, L., & Given, C. (2023): Perceptions of families with adolescents utilizing augmentative and alternative communication technology: A qualitative approach. *Journal of Pediatric Nursing, 71,* e46–e56. https://doi.org/10.1016/j.pedn.2023.04.014

> **Wissen auf den Punkt gebracht: Erkenntnisse und Empfehlungen**
>
> **Erkenntnisse aus diesem Kapitel:**
>
> - UK umfasst alle Formen der Ersetzung oder Ergänzung von Lautsprache, wie Gebärden, Bildkarten oder elektronische Hilfsmittel (Talker). Sie ist besonders hilfreich für Menschen, die keine oder nur eingeschränkt Lautsprache nutzen können.
> - UK dient nicht nur der Äußerung von Bedürfnissen, sondern auch der Beziehungsgestaltung, dem Erzählen von Geschichten und dem Ausdruck persönlicher Erlebnisse, Emotionen und sogar Humor.
> - UK soll es autistischen Menschen ermöglichen, ihre individuelle Art des Sprechens und der Kommunikation auszudrücken, ohne die Erwartung, neurotypische Standards der Gesprächsführung zu erfüllen.
> - UK hilft, das Innenleben von nicht lautsprachlich kommunizierenden autistischen Menschen anzuerkennen und zu verstehen.
> - Bildkarten und Symbole sind oft verlässlicher als gesprochene Worte, da visuelle Reize bestehen bleiben und leichter wiederholt abgerufen werden können.
>
> **Die wichtigsten pädagogischen Konsequenzen:**
>
> - Die Förderung von UK bedeutet nicht, dass die Entwicklung der Lautsprache aufgegeben wurde. Beide Ansätze können parallel genutzt werden.
> - Die Wahl der UK-Hilfsmittel sollte sich an den individuellen Bedürfnissen und Interessen der Person orientieren. Es geht

um funktionale Kommunikation, nicht um standardisierte Muster.
- Kommunikation sollte auch Freude bereiten. Pädagogische Fachkräfte sollten die emotionale Komponente der UK einbinden.
- Eltern, Lehrkräfte und Betreuer müssen in die Anwendung von UK einbezogen und entsprechend geschult werden, um die Kommunikation in den Alltag zu integrieren.
- Der Prozess der Implementierung von UK erfordert Zeit, Geduld und kontinuierliche Anpassung, um herauszufinden, welche Mittel am besten funktionieren.
- UK sollte individuell auf die Person abgestimmt und im Laufe der Entwicklung angepasst werden, basierend auf formellen Tests, Beobachtungen und Rückmeldungen des sozialen Umfelds.
- UK muss in allen Lebensbereichen zugänglich und nutzbar sein. Es reicht nicht, Hilfsmittel nur in bestimmten Situationen oder Settings zu verwenden.

7 Digitale Technologien in der Sprachförderung

Anna, zehn Jahre
Anna ist zehn Jahre alt. Sie hat vor zwei Jahren begonnen, ihre Sprache auch kommunikativ einzusetzen. Sie sagt »Mama weg«, wenn sie allein sein will, oder »Tab-Zeit«, wenn sie sich am Nachmittag mit ihrem Tablet beschäftigen will. Auf ihrem Tablet eröffnet sich eine Welt für Anna. Anna liebt Flughäfen und Flugzeuge. Sie hat eine Menge gespeicherte Videos zu ihrem Thema und eine Sammlung von Fotos, die sie selbst gemacht hat. Wenn Anna mit ihren Eltern reist, fotografiert sie den Flughafen und manchmal gibt es auch einen Samstags-Ausflug zum Flugplatz. Ihre Lieblingsseiten sind »world-airport-codes.com« und »ourairports.com«. Anna navigiert sehr schnell und sicher auf diesen Seiten. Ihre Eltern sagen, dass ihnen noch nicht klar ist, ob Anna das Englisch auf den Seiten versteht oder ob sie sich durch die Bilder leiten lässt. Anna hat kürzlich eine Funktion entdeckt, mit der sie ihre Bilder in Ordner sortieren kann. Diesen hat sie teils deutsche, teils englische Namen gegeben. Anna liebt auch Musik. Sie mag vor allem Gitarrenmusik. Wenn sie Musik hören will, benutzt sie die Sprachsteuerung und sagt: »Alexa, spiel Gitarrenmusik!«. Es hat eine ganze Weile gedauert, bis die Sprachsteuerung auf Anna reagiert hat. Während Anna auf Korrekturen ihrer Aussprache durch ihre Eltern meist mit Rückzug reagiert, hat sie es an der Musikanlage immer wieder versucht, bis ihre Aussprache so klar war, dass es funktionierte. Manchmal wird Anna kreativ und sagt: »Alexa, spiel Flugzeugmusik!« oder »Alexa, spiel Waldmusik«. Wenn das Gerät eine passende Musik spielt, lächelt Anna und summt zufrieden. Ein paarmal im Monat bekommt Anna von ihrer Tante einen Video-Anruf. Annas Tante ist

beruflich viel in der Welt unterwegs und ruft sie dann von dem jeweiligen Flughafen an, von dem sie startet. Anna sagt ihrer Tante dann sofort die Abkürzung des Flughafens und bittet sie um Informationen: »Terminal?« und »Wasserspender?«. Mit ihrer Sprachtherapeutin hat Anna zwei neue Lieblingsbeschäftigungen am Tablet gefunden: Eine App, mit der sie selbst Musik machen kann, und einen Flughafen-Simulator. Seitdem verbringen die beiden viele Sitzungen am Tablet. »Anna kommt ja bei Ihnen aus dem Sprechen gar nicht raus!« meinte letztens ihr Vater, als er mitbekam, wie Anna ihre Sprachtherapeutin auf die verschiedenen Gitarrenklänge (»Akustik!« »da Western!« »da Bass!« »da E-Gitarre!«) an der Musik-App hinwies.

Digitale Technologien sind heute ein großer Teil unseres Lebens und beeinflussen auch den Alltag unserer Kinder. Sie spielen eine wichtige Rolle in unserer Kommunikation, in der Freizeitgestaltung und beim Lernen. Viele Eltern und Fachkräfte fragen sich in Bezug auf das Autismus-Spektrum, wie sich die Nutzung dieser Technologien auf das Lernen und die Entwicklung von Menschen mit Kommunikationseinschränkungen auswirkt, insbesondere bei Kindern. Können digitale Medien das Lernen und Kommunizieren fördern oder behindern sie es?

Alicia Blum-Ross und Sonia Livingstone berichten in ihrem Blog über den neunjährigen autistischen Lucas. Lucas liebt es, Videospiele zu spielen und selbst zu entwickeln. Seine Mutter macht sich Sorgen über diese Leidenschaft und spricht mit seiner Lehrerin darüber. Doch statt einer Warnung bekommt sie eine überraschende Empfehlung: »Halten Sie Lucas auf dem Laufenden, und Sie werden einen wunderbaren kleinen Computerspieldesigner haben, der in seinem Leben glücklich ist« (Blum-Ross & Livingstone 2020, ohne Seite). Das Beispiel zeigt eine sehr optimistische Sicht auf die Nutzung digitaler Medien und blendet Risiken einer zu starken Fokussierung auf das Digitale aus. Es regt aber auch dazu an, genauer zu überlegen, wie digitale Technologien für Menschen im Autismus-Spektrum genutzt werden können. Viele Kinder im Autismus-Spektrum verwenden digitale Geräte wie Tablets oder Computer bereits ab einem frühen Alter sowohl zum Lernen als auch zur Unterhaltung. Viele autistische Menschen zeigen eine besondere Präferenz für die Beschäftigung mit digitalen Welten. Digitale Technologien sind oft bereits auf ihre besonderen Bedürfnisse zugeschnitten, beispielsweise indem sie visuelle Vorlieben unterstützen (Scholle et al. 2020). Digitale Medien bieten eine sichere und vorhersehbare Umgebung, die Ablenkungen durch soziale Reize minimieren kann (Glumbić, Dordević & Brojćin 2022). Viele autistische Kinder profitieren außerdem von der Wiederholung und der Konsistenz im Digitalen – Videos oder Lern-Apps bieten ein zuverlässig wiederkehrendes Input, das immer wieder gleich abgespielt werden kann. Viele Kinder erleben hier ein Gefühl der Kontrolle über die Reizumwelt, das für sie im Alltag nicht erlebbar ist. Kinder im Autismus-Spektrum nutzen digitale Mittel häufig für ein selbstbestimmtes Lernen (Snippe 2023). Sie lernen damit Dinge, die wir ihnen nicht vorgegeben haben und die wir als Erwachsene zu diesem Zeitpunkt vielleicht nicht als wichtig erachten. So berichten z. B. in Fortbildungen und Elternforen immer mehr Eltern und Fachpersonen von autistischen Kindern, die sich über die Beschäftigung mit dem Tablet Englisch beibringen, bevor sie die Umgebungssprache Deutsch umfassend entwickelt haben. Hierbei ist sicher zu erwähnen, dass eine optimistische Perspektive auf die Beschäftigung mit digitalen Technologien auch beinhaltet, dass diese von Seiten der Eltern genau beobachtet und im Hinblick darauf moderiert wird, was das Kind mit dem Medium anstellt. Findet ein interessengebundenes Lernen statt? Oder ist es eine Stimulation, weil das Kind keine anderen Ideen zur Beschäftigung entwickelt? Wie viel Zeit verbringt das Kind vor dem Gerät? Wird das Medium auch interaktiv verwendet?

In einer Studie zum Lernen autistischer Kinder mit digitalen Medien (Snippe 2023) berichteten Eltern autistischer Kinder von vielfältigen Erfahrungen, die sowohl Chancen als auch Herausforderungen mit sich bringen. Ein zentraler Punkt, den viele Eltern hervorhoben, war die Bedeutung der Technologie für die Selbstständigkeit ihrer Kinder. So zeigte sich, dass die verlässliche Wiederholbarkeit und klare Struktur digitaler Medien für ihre Kinder besonders hilfreich waren, um neue Fähigkeiten zu erlernen. Insbesondere nonverbale Kinder profitierten von der Sprachausgabe der Tablets. Ein weiterer wichtiger Aspekt war die intrinsische Motivation, die viele autistische Kinder beim Umgang mit digitalen Medien zeigten. Diese Motivation wurde von Eltern als Brücke genutzt, um das Lernen ihrer Kinder zu unterstützen. Beispielsweise wurden Lern-Apps und Videos im Alltag gezielt eingesetzt. Einige Kinder entwickelten durch digitale Medien spezifische Interessen und kreative Kompetenzen, zum Beispiel in den Bereichen Musik und Videoproduktion. Allerdings betonten die Eltern auch die Notwendigkeit, klare Regeln und Einschränkungen bei der Nutzung digitaler Medien zu setzen, um eine Reizüberflutung zu vermeiden. Einige Kinder neigten dazu, sich in den digitalen Welten zu verlieren oder sich zu überreizen. Insgesamt zeigt sich, dass digitale Medien ein wertvolles Werkzeug für autistische Kinder sein können, welches sowohl ihre Lernprozesse als auch ihre Selbstständigkeit fördern kann. Gleichzeitig erfordert der Umgang mit diesen Medien von Eltern und Erziehern ein hohes Maß an Aufmerksamkeit und Feinfühligkeit, um die positiven Effekte zu maximieren und mögliche Risiken zu minimieren (Snippe, 2023).

Wir erkennen immer mehr, dass digitale Technologien ein effektives Werkzeug für das selbstbestimmte Lernen autistischer Kinder sein können, aber darüber, wie die Kinder diese Technologien autonom nutzen, wurde bisher wenig geforscht. Ein besseres Verständnis davon, wie autistische Kinder zu Hause selbstständig mit digitalen Medien umgehen und wie Eltern diese Beschäftigung gut moderieren können, kann dabei helfen, die Kinder in ihrer Entwicklung und beim selbstmotivierten Lernen besser zu unterstützen.

Neben Apps und Videos ist die kommunikative Form des Video-Chats von großem Interesse für Familien mit autistischen Kindern. Familien nutzen für die Kommunikation mit Großeltern, Onkels und Tanten in ihrem Alltag nicht nur das Telefon, sondern auch die Möglichkeit des Videochats. Im Videochat hört und sieht man die andere Person, man kann Mimik und Gestik nutzen, einander das neue Spielzeug und das gemalte Bild zeigen. Die Nutzung von Videochat mit Kindern gewinnt in Zeiten der Digitalisierung und der räumlichen Trennung von Familienmitgliedern zunehmend an Bedeutung. Gerade Familien mit Migrationshintergrund nutzen diese Art der Kommunikation, um miteinander in Kontakt zu bleiben. Wenn Kinder, insbesondere Kinder mit Kommunikationseinschränkungen, über Videochat kommunizieren, ist es wichtig, einige Fallstricke zu vermeiden. Ein Kind mit einer Kommunikationseinschränkung vor den Bildschirm zu setzen mit dem Auftrag »Erzähl' der Oma mal vom Wochenende!« führt schnell zu Frustration und Ablehnung.

> **Empfehlungen für Video-Chat mit Kindern (Strouse et al. 2021).**
>
> 1. **Eltern oder pädagogische Fachpersonen als aktive Co-Viewer:** Die Begleitung durch vertraute Personen ist entscheidend für den Erfolg. Der Co-Viewer kann Kommunikationsschwierigkeiten überbrücken und den Kontakt moderieren.
> 2. **Kreative und interaktive Aktivitäten:** Aktivitäten wie Guck-Guck-Spiele, gemeinsames Singen oder das Zeigen von Gegenständen erhöhen die Aufmerksamkeit und Motivation. Die Interaktion sollte lebendig und spielerisch gestaltet sein.
> 3. **Technische Qualität:** Eine stabile Internetverbindung und gute Audio- und Videoqualität sind essenziell, um Frustration zu vermeiden und die Kommunikation flüssig zu gestalten. Technische Barrieren sollten minimiert werden, um den Fokus auf die Interaktion zu legen
> 4. **Zeitliche Begrenzung und Regelmäßigkeit:** Regelmäßige, aber nicht zu lange Videochats sind ideal, um Überforderung zu vermeiden und eine kontinuierliche sprachliche Förderung zu gewährleisten. Die Häufigkeit der Chats sollte an die Bedürfnisse und das Interesse der Person mit Kommunikationseinschränkung angepasst werden.

Die visuelle Komponente sollte voll genutzt werden. Für Kinder stellt Videochat eine besondere Herausforderung dar.

Videochat kann effektiv auch mit Menschen mit Kommunikationseinschränkungen zur Kommunikation genutzt werden, insbesondere wenn Dritte als Moderatoren anwesend sind. Bezugspersonen autistischer Kinder sollten aktiv am Videochat teilnehmen, auf die gezeigten Inhalte reagieren und gemeinsam mit dem Gegenüber interagieren. Das Kind mit einer Kommunikationseinschränkung kann zum Beispiel Bilder oder Spielzeuge zeigen. Die Eltern kommentieren und erklären. So bleibt die Anforderung, sprachlich zu kommunizieren, nicht beim Kind. Das autistische Kind kann im Rahmen seiner Möglichkeiten agieren und erfährt verbale Unterstützung durch seine Eltern.

Die hier formulierten Empfehlungen dienen als Rahmen dafür, wie Videochat umgesetzt werden sollte, wenn es im Alltag genutzt wird. Es geht also weniger darum, die Sprache mittels Videochat zu fördern, als darum, kommunikative Situationen mit Videochat überhaupt möglich zu machen, zu unterstützen und motivierend, statt frustrierend zu gestalten.

Videochat kann für Menschen mit Kommunikationseinschränkungen funktionieren, wenn er bewusst, spielerisch und interaktiv gestaltet wird. Durch gezielte Nutzung und aktive Begleitung können Eltern und pädagogische Fachpersonen das Erleben der Kommunikation über Videochat positiv beeinflussen.

Anders als bei passivem Fernsehen ermöglicht Videochat eine direkte, wenn auch virtuelle, Interaktion mit der Gesprächsperson. Eine Studie von Bennette et al. (2021) zeigte, dass Kinder im Alter von vier Jahren bereits zwischen realen Personen und Videochat-Teilnehmern unterscheiden können. Sie verstehen, dass die Person im Videochat eingeschränkte Wahrnehmungsmöglichkeiten hat (Bennette et al. 2021). Die Kinder verstehen schnell, dass die Person am Bildschirm mich hören und sehen kann, aber z. B. nicht riechen kann, was gerade gebacken wird und dass ich ihr den frischen Keks nicht geben kann. Diese Erkenntnis ist bedeutend, da sie zeigt, dass Kinder Videochat nicht einfach als Ersatz für reale Interaktionen betrachten, sondern als eine eigene, komplexe Kommunikationsform. Für autistische Personen gibt es einen weiteren interessanten Aspekt. Viele Erwachsene im Autismusspektrum geben an, dass das Telefonieren für sie eine besondere kommunikative Erschwernis darstellt. Hier ist individuell zu klären, ob die Hinzunahme des Bildes im Videochat eine Verbesserung für den Einzelnen darstellt. Bennette (2021) stellt eine Idee vor, wie Videochat förderlich für die Fähigkeit, sich in die Perspektive des Gegenübers hineinzuversetzen, wirken könnte: Die Möglichkeit, die eigene Person im Sichtfenster zu sehen, unterstützt eventuell die Entwicklung dieser Theory of Mind. Wir erkennen, dass die andere Person uns so sieht, wie wir uns im kleinen Fenster sehen.

Wenn Anna ihrer Sprachtherapeutin ihre Musik-App erklärt, spricht sie mehr als in den meisten anderen Situationen. Wir erleben hier die App als Thema oder Medium, über das gemeinsam kommuniziert wird. Wenn Annas Mutter bei einem Anruf der Tante nicht dabei war, zeigt Anna ihr das Video vom Anruf und deutet auf den Bildschirm »Julika Oslo!« und sie ruft begeistert »zwei Wasserspender!«. Dies sind Beispiele für einen interaktiven, kommunikativen Einbezug digitaler Medien in die Sprachförderung. Hier ist es interessant, sich verschiedene Funktionen von Sprache und Kommunikation zurück ins Gedächtnis zu rufen. Nutzt Anna ihre Sprache gerade, um ein Bedürfnis (»Tab-Zeit!«) auszudrücken? Oder um das Interesse und die Freude an einem Inhalt zu teilen (»Julika Oslo!«). Oder nutzt sie Sprache sogar, um jemanden zu instruieren (»Nein, da Trommel!«)?

> **Reflexion:**
> Wo können Sie die digitalen Aktivitäten Ihres Kindes oder Ihrer Klienten in eine gemeinsame Beschäftigung lenken? Über welche Inhalte könnte man während der Beschäftigung gut kommunizieren?

Wir sehen bei Anna auch, dass die Nutzung der Sprachsteuerung (auch Sprachassistenz genannt) zum Abspielen ihrer Musik eine besondere Motivation zur genauen Artikulation bewirkt. Hierzu gibt es wissenschaftliche Erkenntnisse. Im Rahmen einer Studie von Safe, Sadrani und Mustafa (2023) wurden die Auswirkungen des Einsatzes von virtuellen Sprachassistenten (VVAs) bei Kindern im Autismus-Spektrum im Hinblick auf zwei Ergebnisse untersucht: Sprachfertigkeiten und soziale Interaktionen. Alle Teilnehmer zeigten eine Zunahme der sozialen Interaktionen. Insgesamt zeigten die Ergebnisse, dass die Nutzung einer Sprachassistenz positive Auswirkungen auf die Sprach- und sozialen Interaktionsfähigkeiten autistischer Kinder hatte.

In der Förderung des Sozialverhaltens können autistische Menschen außerdem von kurzen Videos mit sozialen Situationen des Alltags profitieren. Diese Videos können Familienmitglieder oder pädagogische Fachkräfte selbst aufnehmen und auf die spezifischen Situationen zuschneidern. Annas Mutter hat bemerkt, dass Anna in der Schule den anderen Kindern oft einfach ein Spielzeug oder einen Stift, den sie gern nutzen würde, aus der Hand nimmt. Dadurch erfährt Anna in den meisten Fällen Widerspruch oder sogar Ablehnung. Ihre Tante Julika hat solche Szenen in einigen Videos mit ihren Töchtern nachgestellt. Die Videos sind ganz auf Annas derzeitiges Sprachniveau angepasst. Ihre Cousinen sind auf dem Video beim Basteln zu sehen. »Schere haben?« sagt eine Cousine zur anderen. Die Schere wird herübergereicht. Julika hat solche Videos mit vielen anderen Alltagsgegenständen gedreht. Das hilft Anna dabei, das Verhalten in verschiedene Situationen in Bezug auf verschiedene Dinge zu generalisieren. Annas Eltern haben bemerkt, dass Anna sich diese Videos immer wieder anschaut. Annas Lehrerin haben sie die Videos auch gezeigt. Die sagte, dass Anna in der vergangenen Woche schon probiert habe, die neue Strategie zu nutzen. Sie habe aber so leise gesprochen, dass das andere Kind sie nicht gehört habe.

Fitri et al. (2023) stellen die besonderen Vorzüge von Youtube-Videos für den Zweitspracherwerb autistischer Kleinkinder heraus. Sie befragten Eltern autistischer Kleinkinder zu deren Präferenzen und Lerneffekten in Bezug auf das Lernen der englischen Sprache über Youtube-Videos. Die Kinder schienen die Beschäftigung mit den Videos nicht nur zu genießen, sie zeigten auch Lerngewinne in den Bereichen Wortschatz und Aussprache. Während die Wissenschaftler das Sprachenlernen über Youtube generell als positiv einordnen, weisen sie darauf hin, dass dies unbedingt unter elterlicher Aufsicht geschehen sollte. Außerdem fehle es an geeigneten Videos, deren Szenen und Inhalte passend für die Zielgruppe seien. Auch das sprachliche Verhalten in sozialen Situationen in der Erstsprache kann durch Videos geschult und moduliert werden. Rai und Bharati (2018) konnten zeigen, dass autistische Kinder von Videos, die Social Stories enthielten, profitierten. Camilleri, Maras und Brosnan (2023) betonen, dass vor allem bereits sprechende Kleinkinder im Autismus-Spektrum von digitalen Versionen der Social Stories profitierten.

Allen, Hartley und Cain (2016) empfehlen Pädagog:innen und Eltern in Bezug auf das Lernen mit Apps und digitalen Medien, zuerst zu erheben, inwiefern ein autistisches Kind ein symbolisches Verständnis von Bildern erworben habe. In ihrer Recherche fanden die Autorinnen viele verschiedene Ergebnisse dazu, ob Apps auf Tablets hilfreich sein können. So berichten sie davon, dass Kindern im Autismus-Spektrum durchaus Lerngewinne in der Kommunikation und Sprachentwicklung verzeichneten, geben aber auch zu bedenken, dass nicht jedes autistische Kind das Tablet anderen Formen des Lernens (Bilderbücher, Bildkarten) vorziehe. Die Studie deutet darauf hin, dass digitale Technologie einen wichtigen Vorteil gegenüber traditionellen Methoden bieten kann, da sie leicht an unterschiedliche Lernstile und den aktuellen Lernstand des Einzelnen angepasst werden kann: Die Anzahl der Wiederholungen des Lernmaterials, die Menge und Art der Unterstützung beim Lernen und der Schwierigkeitsgrad können automatisch auf der Grundlage der Reaktion des Lernenden angepasst werden. Die Autorinnen betonen jedoch auch die Unterschiede zwischen Kindern im Autismus-Spektrum – wichtig sei, verschiedene Medien auszuprobieren und den passenden Weg für das individuelle Kind zu finden. Sie empfehlen Eltern die Nutzung bestehender Vorauswahlen von Lernapps, wie sie z. B. durch Homepages autistischer Selbstvertretungen angeboten werden (z. B. »Autism Speaks«). Für den deutschsprachigen Markt wäre eine entsprechende pädagogisch kuratierte Vorauswahl deutschsprachiger Apps ebenfalls wünschenswert. Besonders lernfördernd seien Apps, die eine Anpassung der Inhalte an die Bedürfnisse des Kindes erlauben. Dies kann bedeuten, dass eine App es möglich macht, dass Eltern selbst Material für ihr Kind kreieren, das sich den momentanen Interessen oder typischen Alltagssituationen widmet oder aber die spezifischen Ebenen des symbolischen Verständnisses eines Kindes berücksichtigt.

Quellen

Allen, M. L., Hartley, C., & Cain, K. (2016): iPads and the Use of »Apps« by Children with Autism Spectrum Disorder: Do They Promote Learning? *Frontiers in Psychology*, 7, 1305–1305. https://doi.org/10.3389/fpsyg.2016.01305

Bennette, E., Metzinger, A., Lee, M., Ni, J., Nishith, S., Kim, M., & Schachner, A. (2021): Do you see what I see? Children's understanding of perception and physical interaction over video chat. *Human Behavior and Emerging Technologies*, 3(4), 484–494. https://doi.org/10.1002/hbe2.276

Blum-Ross, A., & Livingstone, S. (2020): How Families with children with autism greet the digital future. Abrufbar unter: https://blogs.lse.ac.uk/parenting4digitalfuture/2020/11/25/autism-and-the-digital-future/

Camilleri, L. J., Maras, K., & Brosnan, M. (2024): Effective digital support for autism: digital social stories. *Frontiers in Psychiatry*, 14, 1272157–1272157. https://doi.org/10.3389/fpsyt.2023.1272157

Fitri, Q. M., Hamsia, W., & Yunianti, S. (2023): Implementing Yyoutube as a medium for Toddlers with Autistic Spectrum Disorder in Second Language Acquisition. *Tell-Us Journal (Online)*, 9(3), 771–791. https://doi.org/10.22202/tus.2023.v9i3.6992

Rai, S., & Bharati, R. (2018): Digital social story for improving excess behaviours in childhood autism. *IAHRW International Journal of Social Sciences Review*, 6(3), 370–375.

Safi, M. F., Al Sadrani, B., & Mustafa, A. (2023): Virtual voice assistant applications improved expressive verbal abilities and social interactions in children with autism spectrum disorder: a Single-Subject experimental study. *International Journal of Developmental Disabilities*, 69(4), 555–567. https://doi.org/10.1080/20473869.2021.1977596

Scholle, P., Herrera, G., Sevilla, J., & Brosnan, M. (2020): »A preliminary investigation assessing the basic digital capabilities of minimally verbal children on the autism spectrum with intellectual disability«, *Journal of Enabling Technologies*, Vol. 14 No. 2, pp. 127–135. https://doi.org/10.1108/JET-06-2020-0025

Snippe, K. (2023): Exploring Parents' Views: How do autistic children take agency of their learning and development with digital technology? Abrufbar unter: https://kristinsnippe.wixsite.com/snippe

Strouse, G.A., McClure, E., Myers, L. J., Zosh, J. M., Troseth, G. L., Blanchfield, O., Roche, E., Malik, S., & Barr, R. (2021): Zooming through development: Using video chat to support family connections. *Human Behavior and Emerging Technologies*, 3(4), 552–571. https://doi.org/10.1002/hbe2.268

Wissen auf den Punkt gebracht: Erkenntnisse und Empfehlungen

Erkenntnisse aus diesem Kapitel:

- Viele autistische Kinder profitieren bei digitalen Medien von der Wiederholbarkeit und der klaren Struktur. Digitale Welten bieten eine kontrollierbare, vorhersehbare Umgebung, die soziale Reize minimiert und den Kindern ein Gefühl der Sicherheit gibt.
- Digitale Medien können autistischen Kindern ein selbstbestimmtes Lernen ermöglichen, oft auch über Themen, die wir Erwachsenen nicht als unmittelbar relevant erachten.
- Einige Kinder entwickeln durch digitale Medien spezifische kreative Fähigkeiten, z. B. in Musik oder Videoproduktion.

Die wichtigsten pädagogischen Konsequenzen:

- Eltern und pädagogische Fachpersonen sollten die Nutzung digitaler Medien aktiv moderieren und beobachten, um eine gesunde Balance und produktive Nutzung sicherzustellen.
- Klare Regeln und Zeitlimits sind wichtig, um eine Überstimulation durch digitale Medien zu vermeiden.
- Pädagogische Fachkräfte und Eltern können digitale Medien aktiv in die Interaktion mit dem Kind einbinden, z. B. durch gemeinsame Beschäftigung mit Lern-Apps, Video-Apps und Video-Chat
- Beim Videochat sollten Eltern oder Bezugspersonen die Kommunikation aktiv unterstützen, indem sie auf Inhalte reagieren und gemeinsam mit dem Kind interagieren.
- Sprachassistenten und Videos in Therapie und Pädagogik zu nutzen, kann autistischen Kindern helfen, ihre sprachlichen und sozialen Fähigkeiten zu entwickeln. Videos können genutzt werden, um autistischen Kindern soziale Verhaltensweisen beizubringen, die in alltäglichen Situationen angewendet werden können.